巴斯德的故事

[英] 埃列娜·杜尔利 —————— 著

李琼花、林子涵 —————— 译

中国青年出版社

目　录

第一章

籍籍无名

　　他们叫他路易斯。当他在多尔镇第一次睁开眼睛的时候，他只不过是个滑稽的、身体泛着红色的、皱巴巴的小东西，就像其他小男孩一样。时值冬季，屋外冷得仿佛阿尔卑斯山就迫在眼前，东风从山谷间呼啸着穿过山间的小块平原和大河。

　　和其他刚刚见到新生儿的父母一样，父亲母亲怜爱地对着他端详了很久。然后，负责登记户口的人在镇上的记事簿上记下：路易斯——生于1822年12月27日凌晨2点，父亲让·约瑟夫，母亲珍妮·埃蒂内特，登记于下午5点。但是再怎么端详再怎么写，他们中没有一个人——一个也没有——觉得这个刚刚出生的小男婴和其他婴儿有什么不一样，也没有人能预见到他将做出一番大事业，脱离平庸的生活。为什么会这样呢？看看他家的房子就知道了。

他的家就在一条普普通通的街上，是一栋普普通通的小房子，主人是个做着鞋靴鞣革小本生意的男人。请注意：谁也没有说房主是个平庸之辈。做人和做生意是两码事。让·约瑟夫家最重要的地方是地窖——一个有两间房的地窖。右手边的那一间里布满了或方或圆的水道，水道里摆满了气味浓烈的粗制鞣革；左手边的房间则放满了用于浸泡皮革的深桶，镇上的那条小溪不偏不倚地从地窖的墙边流过，正好可以用来浸泡皮革。

地窖正上方的房间是约瑟夫的工作室，里面满是各种大件的木制工具。工作室楼上是两间并排的小房间。总之这就是一栋普通而又简单的房子。小路易斯就要从这里开始认识这个非凡的世界，认识世界上的国王、伯爵、骑士、大将军、海军大臣、哲学家、金融家和形形色色的人，这些人当中，随便哪一个都比皮鞋匠更有可能生出个成名成家的娃，可是他们没有！而皮鞋匠的儿子却……但我们不应该把故事讲得这么快，对吧？

18 天后，让和珍妮抱着小路易斯，顺着坦纳街爬上长长的台阶。他们不是去另一条街，而是去多尔教堂给小路易斯洗礼。不用说，小路易斯和其他乖宝宝们一样，当圣水洒到额头时，他就大声哭闹，仿佛要把恶魔释放出来似的。那个时候，谁也不认为这件事有啥值得称道的。多尔镇是一个热闹宜人的小镇，街上或许熙来攘往，却没有人想到要张灯结彩，或摇旗呐喊、锣鼓喧天地庆祝一通，甚至也没人到教堂的钟楼里敲响欢乐的钟声，来抒发心中的喜悦。假如教堂里受洗的路易斯是国王路易十八，他们肯定早就这么做了。

如果葡萄园的园丁路过此地，大概也只会仰望天空，思忖着冬季会不会不利于葡萄的收成，压根儿不会想到这个婴儿将来能为他们做些什么。

至于站在门口的女人们，怎么会想要盯着别人的小孩看呢？小孩到处都是！有的甚至夭折。这些小东西总闹喉咙痛，或是得了一种叫白喉的病，结果全家人都死了，这种事不是司空见惯了吗？母亲们也常常因为难产而死，没有因此而丢掉性命的母亲可算是相当走运了。谁能想到，那个刚刚出世、脸蛋皱巴巴的小家伙竟然能……

农夫们呢，这个嘀咕自家的母鸡全都闹鸡瘟死了，那个嘟囔他的牛跑到那片"倒霉的土地"上，结果一夜之间全死了，生计怕是因此毁于一旦。他们从来都是牢骚满腹，总在吐槽农人的辛酸，绝不会停下来感叹："就是他，那个未来的伟大人物……"

还有那富有的丝绸商，坐在六匹马牵引的马车上，正奔赴丝绸之都里昂，他一定不会知道：他刚刚从一个能够在将来让他的马匹和财富失而复得的孩子身边经过。

年长者也不见得聪明多少——他们可能只看了一眼，扭头就说："是个男孩，对吧？男孩们不是在战争中牺牲，就必定死于战伤不治，或是爬树时被树枝刮伤而引起伤口感染。"因为那时候，很多男子仅仅因为断了一条腿就失去了性命。战争中，死于伤病的士兵比直接阵亡的还多。当然，那些老人们也料不到婴儿未来的出息。只会继续述说这样的故事：哪个人最终在极度的痛苦中死去，原因仅仅是被一只疯狗咬了。这个国家到处都是疯狗，如果一只流口水的狗顺着街道跑过来，孩子们一定都被吓得躲得远远的。让一只宠物狗舔舔手掌，会对生命造成多大的威胁，你一定想不到吧？因为你根本不知道它舔完你的手之后会在手上留下什么。你肯定会想：既然对疯狗都这么感兴趣，人们难道就没有看出那个还在吮吸大拇指的男孩有什么非同寻常的地方吗？然而他们并没有。

说到这，人们实在看不出小路易斯有什么奇特之处。他母亲是园丁的女儿，沉默寡言的皮革匠父亲当过兵，他们都爱他；姐姐会在他的摇篮边，用好奇的目光盯着他看，一边轻声呼唤"路易斯！路易斯·巴斯德！"小狗都会对自己的名字做出回应，巴斯德却还不会。

就像其他小婴儿一样，后来他学会了爬，学会了走，再之后磕磕巴巴地学会说法语了。

不过，如果说还看不出小路易斯有何过人之处的话，他的父母——住在坦纳街43号的让·约瑟夫和珍妮·埃蒂内特就不能用"平庸"来概括了。要想知道孩子是什么样，先得知道他父母亲是什么样，毕竟孩子要靠他们养育。让·约瑟夫是一个制革好手，总是不辞辛劳，使自己经手的皮革制品臻于完美，这已经非同一般了。但让·约瑟夫的能耐可不止这些。他不是多尔本地人，举家都来自汝拉山脉高处的小村庄，那里一年到头大部分时间都是阿尔卑斯山刺骨寒冬的属地。即使在5月，那里的风，也大得像法国人所说的马毛猬磔，足以把牛角吹飞。那里的人生就顽强、英勇而且忠诚的品格，他们喜爱从远处看时泛着柔和紫晕的莽莽森林。土地上长满了微小的蓝色龙胆花，好像在说——若非一番寒彻骨，哪得鲜花明且艳？

让·约瑟夫一家都是农民——都是磨坊工人、庄稼汉和制革工这样的人。就在不久以前，他们都还是莱穆伊土地上的农奴。任何时候，只要埃克莱克斯、克拉曼斯、莱穆伊和其他地方的哪个老爷愿意，这些农奴们就可以像牛一样和土地一起出售。让·约瑟夫的祖父用4个价值24里弗尔的金币为自己赎了身，成了一个自由人，离开了莱穆伊的磨坊。那是1763年，仅在路易斯出生前59年。如今，你仍然可以看到磨坊的遗址矗立在那开满龙胆花的寒风凛冽的高地上。

也许，让·约瑟夫就是从他父亲身上继承了对自由和独立的热爱，然后又将这份热爱传给了他的儿子。

在成为制革巧匠之前，让·约瑟夫是拿破仑手下的一名良将。他经历过多少风雨，见过多少世面啊！他对拿破仑大帝可以称得上崇拜了，并且为他的胜利感到自豪；他在西班牙山区的重重埋伏和种种意外中打过最惊心动魄的仗；也为拿破仑的失败和流放伤心不已。离开兵团时他万念俱灰，惆怅万分，一路拖着沉重的步子回到家乡萨兰莱班，成为一名制革匠。让·约瑟夫是个寡言少语的人，但有些事情也能使他斗志昂扬。有一天，市长让他带着剑去市政厅，他遵从了，以为他的剑终能有妥善的托身之所。当他看到自己钟爱的军徽将归属区区一名警察时，他又把它夺了回来。人们了解到事情的原委之后，产生了骚乱。没人敢从让·约瑟夫手中把剑拿走，大家像英雄凯旋般把他和剑护送回家。这件事在萨兰莱班引起了不小的轰动：皮匠连市长都打败了！

虽然让·约瑟夫多少也算个艺术家，但当他望着自家的后花园时，可能根本不会留意眼前总是呈现的美丽画卷。他的房子还在那儿，你可以去看看。屋后那条奔腾的小河流经花园，花园的另一边，是珍妮·埃蒂内特·罗基在前前后后奔走忙碌着，她嫁到多尔之后没多久，就成为这位小路易斯的母亲。

第二章

成　长

  路易斯 3 岁那年的一个早晨，天气晴朗，或许还有些潮湿，反正没有人告诉我们那天天气如何。让·约瑟夫和珍妮·埃蒂内特把他们的家具、木制工具、路易斯、安托万和小约瑟芬宝宝一起堆上一辆嘎吱作响的马车。他们要搬到罗基奶奶送给他们的那栋在玛诺兹的房子里去，开始新的生活。

  路途漫漫，道上布满了车辙辘印。要是在今天，这都不能称之为路。他们穿过森林，一路沿着苹果园，经过爬满葡萄藤的山坡，那些葡萄是风味鲜明的起泡酒的最佳原料。傍晚时分，他们到达了丘陵起伏的小玛诺兹，周围是梨园，远处是崎岖不平的普佩山。

罗基奶奶的小房子就坐落在路边。没有人知道路易斯是如何看待这个新家的，因为他从来没谈起过这事儿；这栋房子至今仍矗立在原处，外墙装饰着花朵，看起来美轮美奂，房子一边是用来在冬天存放翠嫩棕榈叶的温室，另一边是一个完美的葡萄酒酒窖，起泡酒在里面安睡着，每天早晨都被人们摇醒一次，日复一日，年复一年，直到最后酿制成熟。

就是在那座房子里，路易斯开始了童年的最初记忆。他记得有几个朋友，自己经常跑出去，和他们一起到通向艾格勒皮埃尔的乡间小路上玩耍。那时，他肯定是一个小胖墩，用一双灰绿色的眼睛坚定而认真地盯着人看。透过棕榈叶可以看到房子里有一扇门，若隐若现。让·约瑟夫有一次把那扇门当作画板用，他画了一个身穿蓝色制服的老兵——"老"——也就是说，让是从"自己已不再是士兵"的意义上来创作的。那个士兵，像让·约瑟夫一样，倚在铁锹上，一副壮志未酬、初心未泯的神色，渴望着再次从军，又或者，只是渴望着拿破仑再现昔日辉煌。那个时候的路易斯，兴许在仰慕父亲画作的同时，也会想摆弄摆弄颜料，描画一些人物吧。

后来，因为这地方的小溪不适合制革，他们不得不再次搬家。一家人乘车上山抵达艾格勒皮埃尔，又穿过小巷子，顺着大路来到了阿尔布瓦。

　　在他们面前，是一个坐落在树林和山峦之间的小镇，教堂方塔高高耸立于低矮平房的褐色屋顶之上，高大的白杨树像长矛兵一样守卫着小镇的入口。

　　来到新家时，这个小男孩和他的姐妹们是多么兴奋啊！房子就在镇口的那座桥边。那条名叫古伊桑斯的小溪流在桥下飞珠溅玉、像瀑布一样哗哗奔流着，随后淙淙地沿着房子的墙壁流过。房前有个花园，一打开房门就能看见一条走廊，走廊的左边是那间铺子，让·约瑟夫在那里存放鞣制皮革，同时做些买卖。再往里走是面包房，一家人会在那儿烤自己家吃的面包。另一边是餐厅和一间面朝庭院的小房间，约瑟夫为在这个小房间里浸泡皮革而开掘了一些水道。屋外还有一扇门，打开那扇门便可以直接通向楼上路易斯的房间和他父亲的工作间，此外，楼上还有一架梯子通往阁楼。那所房子将会成为路易斯"永远的家"，和他一起成长，直到变成一座可爱的老白房子，在如今的阿尔布瓦欢迎着游客的到来。

对一个小男孩来说，古伊桑斯是一条美妙的河。河面宽阔，河水哗啦啦地流着，河底密布的鹅卵石间有灵动的小鱼在水中穿梭。路易斯很快就交到了一些朋友，像朱尔斯·维塞尔，还有其他小男孩。他们一起沿着小溪漫步，来到岸边长着野生的郁金香的田野里；他们在任何可能捕到鱼的地方，迅速把鱼饵垂挂到水里，然后便等着钓到鱼那激动人心一刻的到来。但当大家要走远路去捕鸟时，路易斯躲了起来，哪儿都找不到他。因为他心肠太软了，不愿看到鸟儿们受伤。

路易斯 8 岁时，阿尔布瓦发生了一场大骚乱。在遥远的巴黎正有大事发生。国王查理十世突然颁布法令，要剥夺人民的部分自由，这个举动让他成为独裁者。巴黎不能容忍让这样的人当国王，因此在 7 月的一个夜晚，巴黎人民封锁街道，准备为自由而战。阿尔布瓦的居民像愤怒的蜜蜂一样涌上街头，不停地交谈着、讨论着，最后用一句鼓舞士气的话结束了这场骚乱："全体阿尔布瓦人时刻准备驰援巴黎人民！"毫无疑问，那时的路易斯已经明白了一个道理——不论身处天涯海角，不论力量多么渺小，也不论是否有要求，一个人总应该"竭尽所能"去帮助别人。

快9岁时，路易斯开启了一场新的探险。他和其他孩子一起，先到达库塞尔郊区，再穿过长长的、阴凉的拱廊，经过大广场，来到大男孩学院附属的儿童部。

在那儿，老师们开始教授路易斯·巴斯德的启蒙课程。"去教路易斯·巴斯德！"老师让年长些的男孩来做这件事——教孩子们认识字母，然后全班同学大声拼出字母，发出响亮的声音——也有可能是可怕的声音。这时，老师就在教室里走来走去，挑出最适合的人选，来当班长，维持秩序。路易斯是学校里个子最小的，所以特别渴望能被选为班长。

路易斯也取得了进步——虽然不是什么特别明显的进步。他只是学会潜心静气地学习该学的东西。当攒够了钱，他就买了一本教科书，能拥有这本书并在上面写上自己的名字，路易斯感到很自豪——这是一份了不起的财产，属于自己的财产。那时候的课本笨重难看——既不图文并茂，也没有故事，不像现在的课本！一点儿都不像！那些课本坚固结实、朴实无华，却实事求是。那些书都还在阿尔布瓦，保留在路易斯的书柜里，供大家观赏。"想要学习，"它们似乎在说，"好啊，学吧！拿着！轻松愉快？谁说的愉快？轻松？哈！哈！哈！想没有家庭作业？哼！"

路易斯把书带回家给父亲看，他的父亲是个没什么文化的人，只懂得在计算皮革数量和收入时要签下自己的名字。但他总是陪着儿子一起预习功课，并且非常用功。父与子，他们彼此是真正的伙伴。

路易斯把父亲想都未曾想过的东西带到了家里：朋友、书籍、思想。甚至在绘画方面，也展现出父亲从未有过的技巧——路易斯能把人画得栩栩如生。路易斯会成为一名艺术家吗？但他似乎对制革并无兴趣，尽管靠着父亲的老行当，便能稳稳当当地生活，也能使他这个家中唯一的男丁富甲一方。

在路易斯12岁那年，阿尔布瓦又发生了一件激动人心的事。听说那是一个漆黑的夜晚，几匹呼着热气的马拉着一辆马车停在街口的广场上，马车的窗户里透着光，里面的乘客向车外宣告着激动人心的消息："里昂，这个伟大的城市！宣布成立共和国了！"那时报纸还不常见；谣言跑得快，往往是谣言已经散播很久以后方才真相大白。阿尔布瓦人都欢天喜地。他们决心起义。葡萄园的园丁们匆匆赶到市政厅，夺取了枪支。每个人都蠢蠢欲动。但没过多久，另一个消息传开了，而且这次的消息真实可靠。掷弹兵、骑兵和炮兵正沿着从贝藏松到阿尔布瓦的蜿蜒山路缓慢行进。路易斯和其他人一样出门看热闹；正对着他家门口的古伊桑斯桥上是不是真的有大炮在轰鸣？"是什么人带的头？"波利尼的省长问。波利尼是南方一座矗立岩石之上的巍峨城市。

"我们都是带头人。"勇敢的阿尔布瓦人回答说。他们确实英勇无畏。

可是第二天早上，巴黎的报纸却宣称："阿尔布瓦、里昂和巴黎平静如常。"或许，当时还在上学的路易斯问了一些问题，关于共和国以及动员军队的来龙去脉与意义等。他开始觉得历史很有意思，觉得自己是一个阿尔布瓦人，一个有着杰出同伴的阿尔布瓦人，他的同伴们曾在亨利四世统治时期，对抗 2.5 万人的军队，坚守小镇整整 3 天。每当他听到那些讲述汝拉广阔的山区——弗朗什 – 孔泰伟大过去的故事，他就满心欢喜，祖国在牵动着他的心，为自己的祖国感到骄傲。作为拿破仑军中一位中士的儿子，伟大的拿破仑大帝在他心目中只能是至高无上的。所以他开始有了自己的想法。

又过了一年，路易斯 13 岁了。他变成什么样子了呢？差不多是个大人了。路易斯的父亲从心底认为，他得到的机会将比当爸爸的好多了！如果让·约瑟夫和珍妮·埃蒂内特是那种认为"我的儿子必须赶快挣钱"的人，那么你、我、法国和这个可怜的世界会变成什么样子呢？好在他们什么也没说，而是让他画画。那里有很多他画的肖像画，你可以亲眼看看他原本可以成为一个多么优秀的画家——那些作品的画风一点儿也不幼稚。路易斯用铅笔或油彩画画，甚至渐渐有了名气。他用自己的眼睛，观察线条的走向，观察脸部的表情和适宜的穿着，抓住画人物的最佳时机下笔。例如，他曾经画了一幅他母亲的画像，画的是她戴着蓝绿相间的围巾和白色帽子去集市的情景；另一幅画上，他父亲的神情平静而又热切，略带忧郁，内敛地沉思着。家里有一位崭露头角的艺术家，并且已经开始有人找上门来让他画肖像，这多棒啊！没有什么比看到画纸上的线条逐渐生动起来更令人兴奋的了。他只有 13 岁。还有的是时间。

那时，路易斯是学院里的较大的男孩之一。校长有时会眉头紧锁地看着他。

"那个男孩有什么特别之处吗？没有啊！他只是一个普普通通的好孩子而已！"

但是，"的确！他看书时，多么专注，多么心无旁骛！"别人嬉笑打闹时，他从不把头从书本中抬起来；不管手头正在做什么，他都专心致志。但他仍然平平无奇，拿该拿的奖品，一点都不引人注目。但罗曼内校长注意到，这孩子之所以反应迟缓，是因为他在回答前要先想一想，确定自己有把握，才开口说话。罗曼内陪他一起走过洒满阳光、尘土飞扬的庭院，坐在梧桐树下，希望给他些许启发，给他灌输着关于去巴黎读名校的雄心壮志。虽然路易斯很少说什么，但罗曼内还是注意到了这孩子的眼睛里闪烁着热切的光芒。

一个来自遥远汝拉地区制革匠的儿子，他到哪里筹那么多钱去巴黎生活呢？每个有远大理想的法国男孩都想要去读高等师范学校或综合理工学院。这些学校都很有名，甚至比巴黎－索邦大学还要有名，因为这些学校入学时的门槛更高，条件更严苛。它们的名字充满魔力。"贝利奥尔学者"是我们这些"凡才"能企及的、离那些聪慧的头脑最近的程度了。在和罗曼内校长的谈话中，路易斯第一次倾听到了"高等师范学校"这个词，他开始梦想自己能跻身这所法国最好的学校。他办得到吗？他有足够的脑力进入那所学校吗？梧桐树下，男孩的眼睛亮晶晶的。

在这个平静、保守的家里，开始有点骚动了。高等师范学校！高等师范学校！不管这些字眼有没有说出来，它们都扎根在这个家中每个人的脑海深处了。平常不爱说话的朋友们在交谈中把这个词翻来覆去地讲着。校长静静地坐着，抽着烟，考虑着这件事。路易斯怎样才能去那儿呢？路途那么远……开销那么大！这个念头真是异想天开、匪夷所思啊！"不行！"让·约瑟夫说，"让孩子去贝藏松学习，路上只需要一天，然后再回到阿尔布瓦教书。这样不是就挺好的吗？"

"并不像你想得那么难，"从巴黎来阿尔布瓦度假的巴比尔上尉建议道，"有一个叫孔图瓦的人，在巴黎有一所学校，愿意接收这样的孩子们，送他们去读高等师范学校，他收的学费也低，因为他做这件事完全出于对弗朗什－孔泰大区的爱。"

事情就这样敲定了。让·约瑟夫和珍妮·埃蒂内特决定出钱供路易斯去巴黎。他们精打细算，也掂量着和孩子分别的离情别绪，担心着危险的巴黎——他还不到16岁！但他们想，反正维塞尔也要去——两个男孩一起去总比一个人去安全，而且维塞尔会照顾路易斯的。维塞尔可是对路易斯前途似锦充满了信心。此外，巴比尔上尉还能留点心照看两个孩子。当然，钱这方面是这孩子将得到的机会中最微不足道的成本！但必须让他得到它。为了孩子，爸爸妈妈勇于忍受煎熬和焦虑。

也许根本没有人料到，这个男孩自己将为他的学业付出多少代价。

天公也不作美。10月的那个早晨，当他动身时，天上下着雨夹雪，刺骨的寒风从汝拉山脉长驱直入，有时还捎带着雪片刮在他们脸上。笨重的马车看上去已经塞满了，那些恶寒而片刻不能安宁的马，被哄上了车道。两个孩子坐在马车前边篷布下面最不舒服的座位上——就在车夫的后面，因为里面的座位都占满了，连车夫篷盖下面的座位也坐满了人。

路易斯直到那时才明白说再见意味着什么。一种比天寒地冻更难以忍受的寒冷笼罩着他。每天晚上都不能回家，那是什么感觉？马儿们确确实实在往前走了，他的乡亲们站在阿尔布瓦的雨中，而他则随着车轮的嘎吱声和挽具的叮当声离开了驿馆的院子。沿着高塞勒林荫大道，经过他家门口，又经过古伊桑斯街，不过这次不是往右——右边通往他和他父亲一起走过的那条路，而是往左，去多尔。

马跑得越来越快。阿尔布瓦和它的方塔很快就消失在了烟雨之中；也许这是第一次，路易斯意识到自己是个十分恋家的孩子。到了多尔，他难过极了，甚至都没有注意到自己已经回到了出生地。在不知不觉中，在道布家族开发的这片形状狭长而怪异的平原上，路易斯生平第一次看到如此平坦的原野。听他们说，除了途中换马之外，他对中途停留的地方一点儿印象也没有。实际上，他们经过了许多在历史上赫赫有名的城镇：有着宏伟的公爵府的第戎；欧塞尔的大教堂神奇而迷人；在中世纪吟游诗人辈出的森斯；枫丹白露的森林仿佛被施过魔法，宫殿如梦似幻地看着自己在平静的水面上的倒影，回想着拿破仑退位时的悲伤记忆。但对路易斯来说，这些地方都不过是远离家乡几公里外的灰色地带中的几个凹痕而已。

雨中，两个学生娃瑟瑟发抖！耳边是驿马在泥泞的路上疾驰的清脆马蹄声！哪个站在路边躲避飞溅的水花的路人，能猜到这架由两匹白马、三匹棕马拉着的车，正载着路易斯·巴斯德奔向巴黎，而世界上一切的不幸都将随之减少呢？

第三章

柳暗花明

终于到了巴黎，对于一个 16 岁的男孩来说，这简直不可思议，除了乘车穿过的城镇之外，他从未见过比小小的阿尔布瓦更大的城镇。但他第一眼看到的巴黎却完全不是他梦中的样子，没有想象中洋溢在香榭丽舍林荫大道上的欢声笑语；没有想象中里沃利街上在橱窗里展示着华丽商品的精品商店，也没有想象中显赫华美的卢浮宫和杜伊勒里宫。马车从枫丹白露出发，一路行至塞纳河南岸，穿过穷街陋巷，又在林立压抑的高楼间穿行。的确，在那一带——人们称之为拉丁区，每一块石头都书写着辉煌的过去，因为那儿是巴黎的一切学问的聚集地；但对于一个来自汝拉的学生来说，这些东西无关紧要。

　　千叶巷是他本来要住的地方，昔日那里并非现在的贫民窟；巴贝特老年公寓也不像如今在那个位置矗立起来的小学那样阴暗沉闷；没有丝毫迹象表明，这个地方能够有任何引起一个男孩兴趣的东西，或让他不再怀念明亮快乐的家乡和有着快活小鱼的湍急河流。这里的逼仄街道只能进不能出；高楼长得都一模一样；

仿佛没有终点的街道，对一个乡下男孩来说，简直如同一座监狱或是一个把人吓傻的迷宫。家乡已经是另外一番天地了，长路迢迢，似乎把他和家永远地隔绝在千里之外，难以再踏上归程了。对于我们这些经常旅行，每逢假期都回家的人来说，几乎无法设身处地地把自己当作那个第一次踏上漫长的旅程，却发现自己被囚禁在巴黎迷宫里的小男孩。

求学自当含辛茹苦！他是不是从此都得背井离乡了？到那时，好像没有什么回头路可走了。每一天，他都沿着圣米歇尔大道走到圣路易斯高等学校去上课。学校就坐落在通往塞纳河的山坡上，但路易斯从未想过要下到河边去钓鱼。到了晚上，他就回到巴贝特老年公寓，做作业、睡觉。生活的乐趣仿佛一下子全都消失了。好心的巴贝特先生想重新提起路易斯的兴致，说服他相信，很快他就会在巴黎过得开开心心的。但都是白费口舌！男孩把自己搞垮了。他睡不着！睁着眼睛躺在床上，喃喃重复着一行诗句：

"长夜漫漫，守望悲伤。"

哦！路易斯·巴斯德！有些时候其他男孩也会给你加分的！他的好友维塞尔，一如既往地坚信路易斯必能前程似锦，试图让他开心些。但他和巴贝特先生一样，白费功夫。路易斯只是对他说："只要我能闻到一丝家里皮革的味道，就没事了！"

漫长而疲惫不堪的 10 月终于结束了，又挨过了晦暗的 11 月的头两个星期。有人告诉路易斯："有人找你，正在附近等着你呢。"

沿着弗伊兰蒂纳斯山脉往山下走一段，就能走到圣雅克街。在街角，如今有三家酒馆。那个人带着路易斯去了其中一家，见那个"神秘的人"。酒馆后客厅的阴暗处，坐着一个人，双手托着头——是让·约瑟夫！父亲是来带他回阿尔布瓦的！

所以，当那架由两匹白马和三匹棕马拉着的马车载着路易斯·巴斯德向阿尔布瓦的方向疾驰时，巴黎的鹅卵石也在马车车轮下连连哀叹吗？所有好奇的命运之神都竖起耳朵来倾听了吗？路易斯真的要离开巴黎了吗？

可别因此就瞧不起他。就像没人知道为什么狗生病时会吃草一样，几年以后，路易斯·巴斯德才发现自己不治而愈的秘密。也许只有他自己才知道为什么当年的他需要"嗅一嗅皮革味"。但不管怎样，路易斯已经明白回头也可以和向前一样轻松自在。他将无所畏惧了。

接着呢？那个旅人，那个一度令人艳羡、坐着马车去了巴黎的冒险家，回到了阿尔布瓦学院，重新和他的同学们在一起。他是怎么跟他们解释的呢？他们对他突然放弃如此大好前程，有怎样的说法？在这个没有雄心壮志的小地方，他自己成就一番事业的渴望会变成什么样呢？然而路易斯只是拿出了彩色粉笔画肖像，不论是谁想找他画，他都给画。这些肖像都画得很好，值得被带到美国，见诸纸媒。世界上所有眼神忧郁的孩子，坚强的母亲，隐忍的农民都在命运的边缘颤抖。难道当这个世界需要一个手握生命之钥的人时，却仅仅产生一位艺术家吗？当然啦，艺术家们也很伟大。

生活一帆风顺时，总是好事成双。在路易斯之前画的肖像中，有一幅画的是阿尔布瓦市市长，整幅画用银色刺绣和三色围巾装饰得十分精致。毫无疑问，市长先生在心里为这位年轻聪明的艺术家留了一个温暖的角落，他没有忘记好好表扬一下这位年轻人，在给他奖赏时，奖赏简直多到拿不动了。明摆着……像这样的男孩就应该去读高等师范学校，但这次是去贝藏松，不是巴黎。贝藏松一点儿也不远！它不也是弗朗什－孔泰的省会吗？而且几乎就在家边上，不是吗？古伊桑斯河不是也流入杜省吗？贝藏松不正是被杜省山谷三面环绕着吗？再说了，让·约瑟夫之前还把他的皮革带到过那里的皮革市场卖，穿过山丘和杜省山谷的路不仅好走，而且熟门熟路。

没有一个城镇能比贝藏松更加阳光明媚，更加热情好客，那里有壮丽的河流和高耸的山峦，从最高的地方俯瞰，沃邦的大堡垒屏障般俯瞰着这座城市。好运在一开始就眷顾了路易斯。他的哲学老师是一位年轻又能言善辩的高师生，拥有能在学校获得的大部分天赋——热爱学校、勤于思考、热衷探讨、钟情批判。他的科学老师年事已高，不喜欢路易斯那些烦人的问题，不过也没关系，他可以自问自答。

路易斯不再是那个会怕生、会想家的学生了。他用火一般的热情发奋学习，也将同样的热情投入交往之中。仿佛一夜之间，他就长大了，也有了一个独立的房间，不仅可以在那里睡觉，还可以自己做饭。那个时期，路易斯已经 17 岁了，他主要的好友是查尔斯·沙皮伊。就像其他青年学生一样，他们谈论着天南海北的话题。他们读诗歌，也读了好些正经的大部头著作。幸运的是，沙皮伊那时研究哲学而路易斯研究科学，这样他们就不存在单向思维的风险。《我的狱中生活》是路易斯当时最喜欢的书之一，这是一个伟大的意大利人为了捍卫国家自由，被关在森严的斯皮尔伯格监狱里时写下的所感所悟。也许就是这本书帮助路易斯形成了贯穿他一生的性格特点——对不幸的怜悯以及对独立与自由的热爱。

第一次考试后，他被任命为助理教授，年薪 300 法郎（约合 2 欧元）。很难说，钱的价值发生了什么变化，但路易斯对此很满意，因为他觉得这笔钱足够资助妹妹去上寄宿学校了。可是，他的父亲却认为，反倒应该给路易斯多寄些钱，好让他能负担得起额外课程的学费。

第二年，沙皮伊要去巴黎，路易斯提出和他一起去。自然而然，他的父亲不愿意再让他试一次。两个男孩商量了一下。"如果你跟我一起走，那么放眼整个弗朗什－孔泰，我就无所牵挂了，"沙皮伊说，"但你爸爸认为我是你的邪神，一到假期就让你不着家，现在又要劝你一起去巴黎。话说回来，只是因为他太爱你，才不让你为所欲为。”

路易斯想去巴黎，因为他觉得巴黎的学业要求更高。但如果父亲想让他再多等一年，他会等的。毕竟，班上的其他同学都没能进入这所难以捉摸的学校，再说了，多上一年的数学课能给他提供比上一年更好的机会，尽管这些课“充其量只是些枯燥的玩意儿”，还总是让他头疼。他打算同时为两所顶尖学校工作，再碰碰运气，看看自己究竟是不是这块料，是适合像其他综合理工学院的子弟们一样，开启辉煌又世俗的职业生涯；还是适合在师范学院当教授给高师生上课。“各有各的魅力。”沙皮伊狡黠地说。不管有没有魅力，人们常说，一心不能二用。

“化学，一般。”考官在路易斯第二次考试中如此评价道。我们不知道路易斯是否担心过这个平平无奇的表现，但从那以后，“路易斯·巴斯德——‘化学，一般’”就成了一个有趣的玩笑！大家一致认为路易斯已经足够优秀了，可以去高等师范学校试试身手。他在 22 名学生中名列第 15 位。人们不禁要问，赢过他的那 14 个人后来到底有什么建树啊？对他自己而言，这个成绩还不够好。他不愿以名单上第 15 名的位次去学校读书。相反，他要再去巴黎试一次。动身之前，他用蜡笔画了一幅非常棒的肖像画——父亲的肖像画。路易斯的手训练有素，眼睛也明察秋毫；任何细枝末节都逃不过这洞察一切的眼睛——一个表情、一段线条、甚至一些别人会错过的东西；一只能准确而坚定地按主人的意愿行事的手。他已能独当一面，踏上了去巴黎的路。

巴贝特老年公寓一点儿都没变，但路易斯变了。他 19 岁了，瘦削的脸上双眸明亮，虽然身材清瘦，但和顾长一点儿也沾不上边儿，举手投足之间无不透露出他的快乐与自信。

他和另外两个人在离老年公寓不远的弗伊兰蒂纳斯共用一个房间。为了让房间更舒适，他花 8 法郎租了一个暖炉。三个人又一起凑了两法郎买了一块木板和一块桌布作为公用，因为桌子上的洞和凹痕实在太妨碍日常书写了。

5:45，他就必须得起床了，因为只有这样，他才能准时赶到老年公寓给 6:00 ～ 7:00 的那个班上课。他和父亲都认同这么做完全是为了感谢巴贝特先生。"如果他能得到帮助过的一个男孩的感恩，"让·约瑟夫说，"他就更会对另一个可怜的男孩出手相援。"因此，他讲授的课并没有妨碍他在高等师范学校的学业以及他在巴黎–索邦大学魔术讲堂找的那份工作。

巴黎–索邦大学是一所崭新宏伟的学校，由罗伯特·德·索邦创立。即便是在巴斯德的时代，演讲厅就能容纳足足六七百人。大厅从上到下都挤满了人，还有一些人想从门口挤进去。如果你想要一个落脚之处，你就必须在那之前半小时去！你大概会问，这是在等什么？

"哦！就是在等化学课开始！"

安德烈·杜马便是讲课的人，一个能用语言、用声音、用知识拨开蒙昧无知阴云的人，他将向 700 人展示能令他们为之兴奋和欢欣的伟大新观点。巴斯德听得入了迷。他在家信中谈起了这件事，字里行间，不愿意遗漏任何一丝在听讲座时的澎湃激情，也不吝啬辞藻来表达对那个演讲者的欣赏与敬意。

他肯定已经发现工作和娱乐已经难以区分了，听讲座就像是去看电影；每逢星期四休息时，他就和沙皮伊一起在图书馆看书；星期天他则在边散步边谈论哲学与文学中度过。他和其他人一样，一周去四次剧院和一次歌剧院。

最后，在学年结束之际，路易斯以第 4 名的成绩顺利进入了高等师范学校。他迫不及待地想去学校上课，于是便在学期开始前申请了提前返校，在空荡荡的宿舍里痛痛快快地睡了一觉。

直到现在，这所高等师范学校依然宏伟如初。它拥有化学家所梦寐以求的、最宏伟的科学实验室，四层楼高，一层又一层，光亮洁白，大片大片的玻璃窗户；科学之王所渴望的所有高压和低压的环境，以及各种门类的仪器都一应俱全。门上面写着，这些实验室是为了纪念路易斯·巴斯德以及其他著名的高师人而建造的。但在 1843 年 10 月，路易斯·巴斯德还只是个睡在空宿舍里独自兴奋的男孩，在他看来，这间宿舍可能是一座天堂般的宫殿；但在其他人看来，却像一间破旧的营房。那时候，这里都还没有实验室，巴斯德不得不借用巴黎 – 索邦大学里一个非常简陋的实验室来做实验，直到他利用阁楼为自己建了一个像样的实验室后，条件才有所改善。说实话，化学家在地窖或小屋里也做出了不错的成果，毕竟不是实验室造就了化学家！

第四章

晶莹剔透

那是一个星期天的下午，巴斯德本来是打算要出门散步的。但这会儿，他却穿着实验室围裙，全神贯注地在做实验；本该和他一起出门散步的沙皮伊坐在一张高脚凳上耐心地等他，不敢发出一丁点儿声音。沙皮伊生怕打扰到路易斯，但多少有些良心不安，因为他答应约瑟夫不会让路易斯做太多的工作。但有什么方法劝一个工作狂不工作呢？一个下午的时间很快就溜走了。

"好了！我们走吧。"路易斯终于开口说话了，语气有点像是在说："你真是个鬼见愁的烦人家伙！"

卢森堡花园离这里很近，期盼着路人的青睐。花园里有两侧种着栗子树的林荫道、绿油油的草坪，还有湖泊和喷泉——是个谈天说地的好地方。

巴斯德滔滔不绝。沙皮伊或者在听，或者思想开小差了。如果有人跟你谈的都是些名称老长的酸性物质，还大段大段引经据典，你的思想大概也会开小差。突然，沙皮伊竖起了耳朵。巴斯德说到的是一种惰性酸！一种微不足道、无足挂齿的酸，沙皮伊可是第一次听说，别的暂且不论，这本身就很有意思。巴斯德兴奋得满脸通红。他在讲一个故事。这个故事发生的地方，就在他们此时正观赏的卢森堡老皇宫的窗户上。

有一个叫马吕斯的人，在他们身后那条路上的一座房子里，凭窗而立，他看见夕阳的余晖映照在卢森堡宫的窗户上。他手里正好拿着一块由冰洲石制成的水晶，像其他人一样，他把水晶放在眼前，透过它看着闪闪发光的窗户。然后，在不经意间，他把水晶慢慢旋转了一些角度，突然看到了肉眼凡胎从未见过的景象！反射的光随着水晶转的角度变化，强度不同，有规律地、有节奏地变化着。他发现光经过反射后，具有与反射前不同的性质。马吕斯将这种通过特殊方式反射而改变的光命名为偏振光。对于那些对光知之甚少的人来说，这是一个奇怪的名词，但马吕斯说，他之所以使用这个词，是因为组成光的发光分子有两极，分子的运动发生在两极周围。从他那个时代起，偏振光引起了许多人的兴趣；而巴斯德，在那个星期天的下午也让沙皮伊对偏振光燃起了兴趣。

但是那块由冰洲石制成的水晶也很有意思。试想，那个马吕斯在得到一块焕彩晶莹的水晶时有多兴奋，透过它，他发现看到的每样东西都变成了两个！水晶能折射偏振光，水晶还能把人们看到的事物变成两个。巴斯德对晶体着了迷。但什么是晶体呢？把某些溶液放在瓶子里，不要去摇动它，你或许会发现瓶底出现一片美丽的森林，里面长着坚硬的、尖尖刺刺的、闪闪发光的"树"。这溶液已经结晶了。

"晶体，"巴斯德说，"是我要研究的对象！"所有的化学家都在研究晶体，但当巴斯德研究晶体时，他遇到了一个谜——一个非常深奥的谜。谜有两种，一种是甘美的，因为你能发现它们的答案；另一种则令人沮丧，因为没有人能解开谜团。这个关于晶体的谜属于第二种。伟大的德国化学家米采利希和伟大的法国人毕奥都发觉晶体的学问太深奥了。因为——

有两种酸性盐。一种很常见，大量出现在任何一个有年头的葡萄酒桶里；另一种则非常罕见，在历史上甚至只出现过一次。奇怪的是，这两者完全相同，又截然不同！冗长的化学名称容易毁了故事的乐趣。所以我们暂且按下不谈。

这些酸的晶体形态相同，原子的性质和数目相同，原子之间的排列和距离也相同。它们看起来是一样的。但是，如果将其中一种的晶体溶解，其溶液就会把刚才提到的偏振光转向右边。如果把另一种晶体溶解，其溶液却根本不会改变偏振光。这种晶体没有旋光性。因此，这两种酸显然是完全不同的。"太不合理了！"就连沙皮伊也是这样想的。当他听说这种没有旋光性的酸时，他差点儿希望自己的专业就是化学。至于名称，那种能改变偏振光的普通酸称为"酒石酸"。另外那种罕见的、没有旋光性的酸，则被命名为"类酒石酸"或"消旋酸"。我们称之为"消旋酸"吧，这个名称更简洁。

巴斯德疯狂地想解开这个谜。跟他说"最伟大的人都已经放弃了"之类的话是没有用的。对他来说，只要这是一个谜，就够了！他一定要刨根儿问底儿。但在哪里可以找到消旋酸来研究呢？它只产生过一次！一些化学家留存了少量，即便他们愿意把药品给他，也不够他用的。更何况他还是个年轻人，不能事事自己做主。还有考试要参加，考试结束后，领导可能会让他放下对酸的研究，离开实验室，去给孩子们上课。

巴斯德刚刚摆脱了被派往罗纳河岸边一个迷人小镇里的职位，在那里他可能会爱上钓鱼，而不是化学。机缘巧合，化学家 M. 劳伦特正好需要一个实验演示员，所以这名本应该成为教员的年轻人，去当了一个小小的实验员。

在那儿，他和劳伦特一起俯身观察显微镜！带头人给他的新助手展示一种纯盐，本来应该只含有一种晶体，现在却在其中发现了三种。又是晶体！是晶体选择了巴斯德吗？还是巴斯德选择了晶体？

如果想了解晶体，就必须练习使用测角仪或晶体测量计。林林总总的测角计——有手工用尺子和量角器制成的简单款，还有带有反光镜和转轮的非常精美的器具。它们上面都装有灵巧的抓手，晶体越大，测量其角度的难度就越低。就这样，巴斯德——作为一个明智的初学者，选择了自己能找得到的、最容易测量的一种——酒石酸盐。酒石酸盐是巴斯德选择的吗？或许是酒石酸盐选中了他。他一点儿也想不到那些晶体对他而言有如挽弓搭箭，一发而不可收，一举成名。

但当他站在测角计旁或是在做实验室工作时，他的人生也在同一时间继续着。为了成为一名理科博士，他写了一篇论文，并自费印刷了这篇论文。当时他正在阿尔布瓦度假，并打算去德国边度假边学德语。糟糕的是，印刷论文花了太多钱，没有钱去德国度假了。不过，他还是余了一点钱，给姐妹和父母买礼物。"你不应该花这些钱，"让·约瑟夫在家书里写道，"礼物虽然很好，但我们宁愿我们的儿子把钱存入囊中，或者去吃一顿丰盛的晚餐。"

当时，巴黎也发生了足以载入史册的激动人心的大事，巴斯德并不是那种两耳不闻窗外事的人。1848 年 2 月，巴黎发生了一场革命，把国王赶下了台。巴斯德加入了国民军，准备随时为新共和国而战。有一天，他正穿过先贤祠前的广场，在法国人埋藏先贤的地方，他看到了一个木制的祭坛——上面写着"为家园，为祖国而捐"。"他们正在为我们的祖国募捐。"旁边的人说道。巴斯德急急忙忙跑回自己的房间，把他所有的积蓄——一共150法郎都放在了祖国的圣坛上。让·约瑟夫很高兴，他也明白为国家奉献一切意味着什么，那一次，他只字未提那顿丰盛的晚餐。

那些易结晶的晶体后来怎么样了？巴斯德有了一个发现。他在酒石酸晶体的一侧看到了以前没人注意到的小晶面。"啊！"他喊道："要是能发现消旋酸没有这些小的晶面，我就能解释两者之间的差异了！"

但是，唉！当查看消旋酸时，却发现它也有小晶面。他失望极了。其他人大概会就此望而却步了吧。巴斯德却透过放大镜更仔细地观察起来。虽然发现了晶体上的新晶面，但不同的晶体上的会不会有所不同呢？是有的！消旋酸的一些小晶面向右旋，一些则向左旋，而酒石酸的所有小晶面都向右旋。

巴斯德把这些小东西小心翼翼地一个个拿起来，所有右旋的晶体归一组，再将所有左旋的晶体归一组。他想看看在光下这些晶体会有什么样的表现。然后……你猜得到吗？左手的那一团，把偏振光旋向了左边；右手的一团，把偏振光旋向了右边。当它们混合在一起时，两种完全对等，当然，向右旋和向左旋的量相同，匀称的光就会保持原来的样子。酒石酸和消旋酸的谜团就这样被解开了，而且解开的人还只是一个小男生。

"我发现了！"他大声喊道，冲进走廊，跟走廊上的每一个人——所有的人都说了一遍，他给碰上的第一个人一个大大的拥抱，还吻了吻他，甚至还坚持要他当即、立刻去卢森堡花园，听听自己关于两种酸的完整解释，这不再是个秘密了。

但取得巨大成功的那一刻却被悲伤破坏了。巴斯德深爱的母亲在阿尔布瓦突然去世。他没有心情工作。整个巴黎的科学界都在谈论他的发现。有些人甚至不敢相信。尤其是毕奥，这位伟大的、"研究晶体的老化学家"，在亲眼看到之前，是不会听信传言的。一个小男生居然能找到他花了这么长时间却没有找到的东西吗？

当巴斯德收拾好心情，再回到巴黎时，毕奥来请他。想想当他上山前往毕奥所居住的法兰西学院时的感受。他本性腼腆胆小，并对这位伟人怀有最深的敬意，但同时，他也对自己的发现坚定不移、信心十足。

毕奥拿出消旋酸，让巴斯德当着自己的面准备实验。晶体得在两天之后才会形成。到了第三天，毕奥再次派人去请巴斯德来。晶体成型了。巴斯德又把它们一个个地拿起来，把晶面右旋的放在右边，左旋的放在左边。

"你是说，"毕奥说，"左旋的那些真的能把偏振光转向左边，而右旋的则转向右边？"

"是这样的。"巴斯德说。

毕奥亲自对晶体进行溶解。他从不存侥幸的心理，等准备好了，又派人去叫巴斯德，还拿出了自己的偏振仪。然后，毕奥把左旋的晶体放在偏振仪里，立刻看到它们把光转向左边。一切都不言自明了。

"我亲爱的孩子，"老人毫不嫉妒地大声说，"我一生如此热爱科学，这个发现让我的心欢欣鼓舞。"从那一刻起，毕奥就成了巴斯德的朋友和盟友，他的偏振仪至今还保存在巴斯德学院里，作为那次伟大事件的珍贵见证。

可是，这有什么可大惊小怪的？对于不是化学家的你而言，一组小晶体对偏振光能产生什么作用，或者说，对你的过去和现在能有什么影响呢？请继续往下读，然后咱们再来判断这是否重要——即便你完全不知道或不关心偏振光为何物。

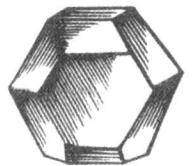

第五章

一个发现

巴斯德解开了一个谜。但另一个谜随之而来：为什么消旋酸仅仅出现了一次就再也没有出现过？在世界的某个地方，一定还存在更多的消旋酸。巴斯德打算亲自去一探究竟。

　　但他身不由己。现在，当局顺理成章地派巴斯德去给第戎的男孩子们上课——派一匹赛马去运煤这种大材小用的事情似乎也挑不出什么错，但巴斯德没有抱怨。他去了第戎，认真备课，把化学知识给孩子们讲得透彻明白、一清二楚。他不是一个因为不喜欢就消极怠工的人。然后，好运降临在这个幸运儿身上，巴斯德找到了一份工作——在阿尔萨斯的斯特拉斯堡大学里当讲师。

　　巴斯德在那里待了15天，足足待了15天。15天后，他请求斯特拉斯堡大学的校长把女儿嫁给他。当然，他还没有问过那个女孩的意思，这在今天是绝对行不通的。他写信给校长，告诉他让·约瑟夫过几天就要到斯特拉斯堡来为他的儿子向玛丽求亲；他在信中清清楚楚、老老实实地交代了自己的优点和缺点。

　　"我的家境尚可，但并不富裕，"他写道，"我家的财产总值不超过 2000 英镑，并且我早已决定将全部的家产都让给我的姐妹们。所以我不会得到分毫。我所拥有的一切就是我的健康、一颗善良的心和一份工作。"

"两年前，我从高等师范学校毕业，获得了物理科学学位。成为理学博士这 18 个月以来，我向法兰西科学院递交了一些研究成果，受到了广泛的好评。其中一件作品得到了非常好的评价，谨随函附上。

"先生，以上即为我目前的情况。至于未来，我只能说，除非我的兴趣完全改变，否则我将致力于化学研究。我的志向是在我的科学研究小有名气时回到巴黎。毕奥先生要我认真考虑是否成立一个研究所。如果我努力工作的话，10 年或者 15 年后，我的梦想可能就会成真。虽然我的梦想会不会实现得听从生活的安排，但无论如何都不会改变我因为科学而热爱科学的初衷。

"又及，去年 12 月我刚满 26 岁。"

如果你们中有谁要嫁女儿，你会要写这样一封信的人来当女婿吗？那么你再品味一下他写给玛丽母亲的这段话："恐怕小姐对我的第一印象，对我不太有利。我没有什么东西能讨一位姑娘的欢心，但在我记忆中，日久见人心，与我交往的时间一长，大家都会喜欢上我。"还有一封信是写给玛丽小姐本人的，信中说："小姐，你所要做的唯一一件事就是不要轻易对我做出判断。因为你很可能会判断失误。时间会告诉你，在我冷淡害羞的外表下，有一颗对你充满炽热爱意的心。"

5月29日，他们结婚了。玛丽，或许现在该称她为巴斯德夫人，发现晶体千奇百怪的现象中的趣味了，她慢慢地能同巴斯德分享其中的乐趣了。巴斯德答应要让她名扬天下；幸亏在那15天里，他看对了人，玛丽是那种喜欢闻达却不轻举妄动的女孩。巴斯德把所有朋友都带入他的化学乐趣中来。他把所做的每一件事都一五一十地向父亲和姐妹们做了详尽的汇报。毕奥由于年纪太大，看不清晶体，巴斯德就给他做了一套很大的纸板模型，以便他能继续研究。他写信给沙皮伊："我正处在众多奥秘的边缘；隐藏它们的面纱正变得越来越薄。"

有一天，毕奥稀松平常地给正在巴黎度假的巴斯德写了张便条。"明早8点带着你的晶体过来吃早餐，"便条上写着，"米采利希和罗斯9点会过来看看你的晶体。"

第二天一早，多位历史上伟大的科学家们举行了一次相当盛大的早餐会。吃饭时，米采利希碰巧提到的一件事，让巴斯德喜出望外。米采利希听说德国有一家制造商又发现了消旋酸："是从的里雅斯特港的酒石中提取出来的。"

"我要去的里雅斯特！"巴斯德喊道，"即使是天涯海角我也要去！我一定要找到消旋酸的来源。我一定要循着酒石的踪迹，发现消旋酸的源头！"

他没有钱。但这趟旅行的开销很大。在法国举国上下，难道会不知道一个被冠上"由法国人率先发现"的新发现有多大的意义吗？事关祖国的荣誉啊！巴斯德打算写信给总统，申请一笔旅费补助。但毕奥在他写信之前就劝阻了他。米采利希替他给那个德国制造商写了一封信。之后的决定就全凭那个制造商的判断力了。虽然没有钱，他还是要去莱比锡。巴斯德成行了。但是，唉……他说，那个德国制造商是有消旋酸，但那已经是20年前的事了；没有消旋酸，这一趟旅行对巴斯德就没有多大用处了。但他还是在莱比锡待了一阵，花了些时间研究酒石。莱比锡是一座美丽而有趣的城市，但巴斯德每天早出晚归，除了旅馆和实验室之间的街道之外什么也没看见。

"酒石，"他不满地说，"都是从别的地方运来的。它们在到达之前都已经提炼过了。我上哪儿才能买到未经提炼的酒石呢？我相信，只要解决了这个问题，就能发现消旋酸的来源。但我必须通过实验来证明我的想法，正巧我知道在的里雅斯特和威尼斯的两个酒石提炼厂的地址。"

那就一起去的里雅斯特和威尼斯吧！这段旅程很漫长。到了德累斯顿，等待护照签证需要3个小时的时间，所以在等待期间，他去看了些照片，在目录上用十字记号标出自己喜欢的作品。但是，当看到其他照片时，他发现自己更喜欢这些照片，所以只好用两个十字记号，然后是三个十字记号，最后变成了四个十字记号来表达心中的喜爱之情。他很热切，对每一件事都充满热情，对自己的想法了如指掌。

在维也纳，他找到了一家工厂，在那里，消旋酸仅仅在半年前还曾出现过。它越来越近了。在另一家工厂里，人们却从来没有见过这种东西。"猎捕"消旋酸的人到了这里应该就会直接走掉了，但巴斯德的眼睛却在四处打量着。在那边的黑暗角落里的是什么？是一桶酒石酸晶体，而在它的顶部……

"我想我看到那东西了……"多么激动人心啊！快！带去实验室！做实验！真的就是它了！

制造商们一直被一种物质所困扰，这种物质妨碍了他们的工作，破坏了生产。他们不知道那是什么。因为这只不过是生产中的一件麻烦事罢了。而困扰他们的——就是消旋酸！那种巴斯德长期以来一直想找到的物质！

他没有再去的里雅斯特的必要了。相反，他去了布拉格，因为听说那里有一位化学家可以用酒石酸制造出他需要的任何剂量的消旋酸。

"哦，是的，"布拉格的化学家轻描淡写地说，"你知道，谁要是能制造出消旋酸，巴黎制药协会就会给他颁奖吗？是的，我就是那个人。"

巴斯德深情地握着他的手，让他再重复一遍说过的话。

"您的发现可能是人类在化学领域中可以实现的最伟大发现之一，"他说，"但请允许我说，在我看来，您的发现很匪夷所思。我不是要打探您的秘密。但我迫不及待地期盼它能公开。所以，这都是真的，你真的用一公斤纯酒石酸，来提取消旋酸？"

布拉格的化学家是这样想的。但他真正的做法和制造商并无不同——即从不纯的或天然的酒石酸中分离出纯酒石酸，最后留下消旋酸的部分。要知道，利用雄蕊造出花瓣与剥去花瓣只留下雄蕊完全是两码事。

"天哪！"巴斯德喊道"如果他按照布拉格这位化学家说的去做，那将是多么大的发现啊！"但是，这是不可能的。当时的化学发展水平还比较稚嫩，但确实在迅速发展。1852 年 6 月 1 日，巴斯德给毕奥发电报说："我把酒石酸转变成了消旋酸。"他用极高的温度处理一种酒石长达数小时之久，最终获得了世界级的大奖。

但这又有什么关系呢？你们这些读过书的人，不在乎消旋酸，也不在乎各种各样看起来像玻璃的晶体。瞧着吧。如果你不知道的话，你永远不会相信橡子里能长出橡树，或是消旋酸能变出钱来支付一场战争的费用，并能让外科医生有办法去治愈另一场战争的伤员。

巴斯德开始在他的消旋化合物上玩花样；在科学中玩花样是一件非常需要智慧的事情。他把它和一些灰烬混合在一起，再在混合物上撒一些霉菌的种子。瞧！看哪！霉菌生长了，这并不奇怪，但消旋酸发生了变化。这是巴斯德没想到的。

然后他又试了另外一种花样。他让消旋酸发酵，右旋的部分确实发酵了，但左旋的部分却没有，只是保持原样。什么是发酵？那时候没人知道什么是发酵。啤酒、葡萄酒和麦芽在全国各地发酵，但即使是最伟大的化学家也不知道发酵为何物。巴斯德曾见过消旋酸，它对偏振光没有任何反应，却在发酵过程中苏醒，变得活跃起来。他很大胆地猜测："如果我假设每一种活性物质都来自生机勃勃的大自然呢？发酵难道不是由生物引起的吗？"但这还只是他在探索的一个问题。消旋酸让他对发酵越发感兴趣了。

　　也就是在那时，命运安排他去了法国的一个地方，在那个地方，发酵成了一项大生意。

第六章

伟大的发现

巴斯德曾经说过，机会是留给有准备的人的。记住这一点，并留心他在一生中获得的机会。巴斯德受命担任里尔大学科学院院长，里尔大学位于一个以种植甜菜为主要产业的小镇的中部，那里的人们通过发酵技术从甜菜根中提取酒精。

巴斯德希望通过激发学生们对周边城镇的兴趣，让他们立志成为对国家有用的人才。"如果你们给你们的儿子一颗土豆，"他问学生的父母们，"然后告诉他：'用土豆就可以制糖，用糖可以制酒，用酒精就能制醋'，哪家的孩子会对这件事没有兴趣呢？哪个孩子会质疑这小小的发现会不会派得上什么用场呢？"他接着说："曾经有一个丹麦人，把手中的一根铜线连接在一个伏打电堆的两极上。桌子上有一根装在枢轴上的磁针。碰巧，这位丹麦人发现指针在转……电报由此诞生了。"

里尔的孩子们对巴斯德的实验兴趣盎然。他们成群结队地去听巴斯德的讲座……250人，300人。他带孩子们远足去参观邻近城镇的工厂，最远的一次甚至到了比利时。当他们参观不同的生产线时，巴斯德的问题总是比学生们的还多。其中一位学生的父亲认为这是位对真实事物情有独钟的大学讲师，于是邀请巴斯德去参观他的酿酒厂。在那里，他用甜菜根酿酒，但酿酒厂的经营状况并不是很乐观。或许，巴斯德能帮上忙？他既和蔼可亲，又乐于助人，还对酶很感兴趣。此次受邀是一次机缘巧合吗？

巴斯德把一些发酵过的甜菜汁带到了实验室，放在显微镜下观察——并非多么高级的显微镜，只是学生用的普通显微镜而已。他做了些笔记，希望自己能随时发现错误，同时改正自己，所以总是会用工整有力的小字写下自己在研究过程中犯的错误。他连续工作了好几个月，把研究酶也视作日常工作之一。

然后他告诉那位学生的父亲——比戈先生，当酶处于健康状态时，它们会呈球状。反之，它们的形态就会拉长；当失去活性时，就会变得更长。这个小小的发现足以让比戈先生在显微镜的帮助下，保持发酵的成功率。但在那个时候，如此使用显微镜的情况并不常见。巴斯德的脑海中是否掠过这样一个想法：除了可以观察比戈先生的酶是否健康，是不是也可以用显微镜来观察一些更重要的东西呢？

但此时巴斯德正仔细观察的酶到底是一种什么物质呢？你们肯定都知道发酵了的果酱是什么样子，你根本不想吃，因为它看起来就像是一罐唾沫。但有一些人愿意以25先令一瓶的价格买发酵葡萄汁来喝。显然，酶有很多种！在巴斯德开始研究它们之前，人们在不明所以的情况下利用了它们。酿造葡萄酒、啤酒或醋的配方都是一代代传下来的。当人们无法根据配方酿出想要的东西时，他们就认为是自己运气不好；或者把失败怪罪于天气，甚至认为是上帝没有眷顾他们。发酵是个谜。尽管有些人夸大其词地称它为"一种效应"或"流动的东西"，但其实大家知道的也就这么多了。现在，巴斯德已经向比戈先生展示了如何避免厄运。但他并不满足于此。酶到底是什么？这才是巴斯德——这个打破砂锅问到底的人——真正兴趣点之所在。

他检查了变质发酸的牛奶。发现在酸牛奶里也有奇怪的圆形小球。他把它们一一拣出来，然后当种子一样播种培植。为何不？为何不？哦！不妨一试！不是种在土壤里，因为它们来自液体而不是固体，所以巴斯德也把它们"种"在液体里，这些种子就慢慢"发芽"长大了。

播撒在新鲜液体中的乳球，开始生长发芽，并产生更多的和它一样的球状物。难道只需要给酶一个生存环境，它就能活下去，并生长繁殖吗？之前可从没有人敢如此异想天开。

巴斯德激动极了。在里尔，他的周遭到处都在进行发酵。里尔大学也因他的实验取得了巨大的成功。在法国各省的大学中，里尔大学是最意趣盎然、也最欣欣向荣的一所。但突然，他收到一份请求，请他离开里尔，回到母校——高等师范学校，去帮助这所落魄的学校。巴斯德毫不犹豫地答应了。他有一句座右铭：

"永远不要躺在功劳簿上睡大觉！"对于他，这意味着："要是做成一件事，千万不要等待着享受荣誉，应该接着去做那些需要做的事。"

这所高等师范学校曾经是一个多么美好的地方啊！像一座童话中的宫殿一样！现在学校里唯一的实验室属于另一位化学家。所以巴斯德不得不在屋顶下的两个小阁楼上竭尽所能，继续他的研究。夏天，他的工作因高温而中断。最终，经过漫长的等待，他得到了门房对面小木屋的使用权，即便条件依旧简陋，他也开心极了！直到今天，它还在树下，因为曾经是"巴斯德的小木屋"而自豪。来访者屏住呼吸走进巴斯德的房间，入迷地看着他工作时的照片。但他真的在那里工作时，除了楼梯下的一个洞外，没有地方可以放烘干炉，所以不得不四肢着地爬过去。

你可以想象这样一幅画面：无论什么时候，只要这个伟大的人想看一眼他那震撼世界的实验，他总是四肢着地的。

古怪的实验室使巴斯德的工作难上加难，但他还要讲课，所以不能像他所希望的那样一直埋头在实验室里做研究。但巴斯德的演讲让年轻人们爱上了科学，这令他开心不已。真正浪费时间的是，巴斯德必须做一些与科学研究毫不相干的事情；比如，必须监督学院的粉刷工作，保证院子里总有新鲜的沙子，坏掉的门都修好了，还有其他本属于管家管辖的琐碎小事。好像这些事还不够让人烦心似的，他还得给那些认为自己的生活缺少快乐的学生写一些信，安慰他们或者帮助他们了解事业规划；巴斯德总把自己在阿尔布瓦时的所作所为写得很详细。巴斯德忙得不亦乐乎，所以酶的研究只好暂时搁置了。

只有对自己的结论完全胸有成竹时，巴斯德才会公开他的发现。"在事实成为不可怀疑的真理之前，"他说，"永远保持自我怀疑。"那些发酵的小球状物产生的球状物就像是它们的孩子一样，这个发现导致巴斯德陷入了一场长达数百年的科学纷争，在当时，学界的争论十分激烈。你记得托普西[1]吗？

> 托普西无人生养，从来没有妈妈，
>
> 我想我生来就是黑鬼，就像其他任何人一样！

托普西只是搞错了。但这场激烈的争论焦点是——世界上是否有东西是"自己冒出来"的？一些人说确实有些东西是如此。另一些人却觉得并不是这样的。一个古老的用于招引老鼠的方子说："拿一些旧破布，一点奶酪和几粒小麦，把它们放在一起，老鼠就自然产生了。"在1860年，大概没什么人相信如此荒谬的事，但他们确实相信所谓的"自然生成说"，即事物可以自生自长，无须亲本。

1　译者注：《汤姆叔叔的小屋》中的奴隶女孩。

读者们，难道你们不相信自然生成说吗？难道你就从来没听说过"一阵风就让我感冒了"之类的话吗？一场感冒，是千百万个"感冒婴儿"从你鼻子里诞生，而这场感冒，可能仅仅源于空气流动！按照这个逻辑，你不妨说橡树是松鼠的母亲。

在巴斯德的年代，没人知道那些数不尽的小生命——我们现在称之为"微生物"的起源。他的老朋友毕奥规劝他不要浪费时间研究那些永远找不到的东西。但巴斯德不会因此打退堂鼓。

"我要试试。"他说。

就在那时，一个名叫普歇的人和他的朋友们打算证明：可以让无限小的动植物在一种完全与空气隔绝的液体中生长，绝对避免任何可能把母体动植物带到液体中。

不仅仅是科学家，每个人都开始谈论这个大胆的主张，赞成自然生成说。

巴斯德着手进行实验。他用一种被称为抽吸器的仪器，隔着棉花把空气吸入其中。棉花因灰尘进入而变黑了。"这些尘土会是生物的种子吗？"巴斯德问道。他研究了一年，制作出了符合自己想法的玻璃管，并进行了各种实验。然后，他提出了一个设想，也把这个设想告诉了普歇："除了空气中携带的活细菌外，没有任何东西能产生生命。"普歇反驳道："有那么多生命——所有腐烂和发酵的东西都能产生生命，如果你说的是真理，那么整个空气中就应该充满细菌。"

巴斯德必须拿出证据。于是，他发明了一种"鹅颈瓶"。他往里面倒了一些很容易变质的液体——酵母水，血或其他类似的东西。然后，他把液体煮沸，用高温杀死在液体中可能存在的任何生物。巴斯德认为，尽管空气本身可以进入容器，但空气中可能存在的任何细菌或灰尘都会落在颈部，因此不会接触到液体。他的论点似乎是正确的，因为这瓶液体保存了四年也没有变质。但是，如果用一个类似的烧瓶，但把瓶身倾斜，直到液体进入瓶身弯曲处，这样条件下的液体就会变质，因为液体在弯曲的部分和细菌接触了。

下一个问题！空气中会有几处的细菌比其他地方多的吗？尽管在我们这么小小一本书里，我们不可能把巴斯德曾经问的所有问题都提到，但是……为了回答这个问题……巴斯德又做了一个烧瓶——他做了几十个烧瓶来验证每个问题。

这只烧瓶的颈部很窄很直。巴斯德把酵母水放入容器中并煮沸。蒸汽会把瓶中的空气挤出去，然后用一盏灯把瓶口玻璃融化，封住瓶口。每一个像这样处理过的烧瓶打开时，空气就会带着细菌冲进去。巴斯德尝试过巴黎不同地方的空气，发现所有在户外打开的烧瓶中的液体都变质了。

接下来，他带着那些烧瓶去阿尔布瓦度假。他和他的老朋友维塞尔一起，小心翼翼地拿着 20 个烧瓶，穿过古伊桑斯，踏上了通往多尔的路。左边有一座勉强称为山丘的小山，巴斯德沿着狭窄的小路走到山顶，一个接一个小心翼翼地敲破他的烧瓶，再用火焰使它们处于封闭状态。山坡上的葡萄园主们停下了他们手头的工作，看着这个奇怪的游客的奇怪行为。

"他想要什么？"有人问朱尔斯·维塞尔。

"你们想要什么？"维塞尔笑道，"他觉得这样很有意思。"

他们一点儿也没想到那个奇怪的来访者正在解开一个有关生命的小谜团。在那 20 个烧瓶中，只有 8 个发生了变化。显然，阿尔布瓦的空气比巴黎的空气干净，或者说细菌更少。

在萨兰的那边有一座真正的山，是由 3 个锯齿状山峰组成的美丽而高大的普佩山。山顶的空气会更干净些吗？巴斯德在心里想着。他带着另外 20 个瓶子爬到了山顶，这 20 只烧瓶中只有 5 只内的液体变质了。

现在就去一座真正的高山吧！或许气球会是个更好的选择，

因为它可以完全离开地面，在空中飘浮。但如果这些地方都不能去，勃朗峰也是一个不错的选择。

他带着33个烧瓶来到夏蒙尼，勃朗峰戴着可爱的白帽子在他们身后矗立着。一天早晨，导游和巴斯德带着一头骡子出发了，他们准备把烧瓶运到勃朗峰冰川未开垦的雪地上。巴斯德自己走在断崖的外缘，这样就可以让骡子走在内侧的路上不会滑倒，进而保住这些珍贵的烧瓶。但如果他们走到一块狭窄的地方，就得从这一块岩石跳到另一块岩石，珍贵烧瓶可实在经不起这些滑稽动作的折腾。

在冰川上，巴斯德拿出第一个烧瓶，把它高高地举过头顶，以免自己的呼吸污染纯净的液体，他用在火中烧过、消毒过的钳子把瓶子敲开了一个口。空气迅速涌进烧瓶。但……哦！太可惜了！他没法再把烧瓶封住了，因为雪反射出的明亮白光，让他看不清火焰的状态，更不用说风把火苗吹来吹去，搅乱了它工作的方向。他试了一次又一次，不行，绝不能功亏一篑，浪费了所有精心准备的烧瓶。

一伙人又耐心地把剩下未开封的瓶子和已经损坏了的瓶子搬下山。那些已经开封过的烧瓶不得不存放在巴斯德的卧室里，位于蒙坦弗特一家尘土飞扬的小木屋旅店。导游则去夏蒙尼帮巴斯德找了一个补锅匠来为他定制一种合适的灯，这种灯能使火焰清晰可见并保持稳定。此时这些烧瓶里的液体都变质了。

第二天，一行人带着剩下的 20 个烧瓶再次上山。巴斯德没有心存侥幸。空气，只有空气才能进入这些珍贵的烧瓶。他用钢尖在玻璃上画了一条线，然后在火焰中加热了烧瓶的颈部和细部。之后，他像以前一样，把烧瓶举过头顶，用被火烧过尖端的钢钳把烧瓶敲出口子。当空气冲进一个个有破口的烧瓶时，巴斯德就立刻用火封住瓶口。

20 个烧瓶中，只有 1 个烧瓶内的液体产生了变化。巴斯德向科学院报告："悬浮在空气中的灰尘是液体中新生命体的唯一来源、首要条件和必要条件，这是任何液体开始发酵的唯一条件。"他补充道："我们想要的是能够把这些研究进行得足够深入，为认真研究不同疾病的起源铺平道路。"

你现在知道之前这些平淡故事的意义了吧？晶体、消旋酸、酶，这些都是无关紧要的小东西，但也正是它们，让我们进一步去了解这些在空气中飘浮的神秘生命颗粒，世界上起码有一半的不幸或许就从它们开端。

奇怪的是，并不是每个健康、理智的人都兴奋地站起来对巴斯德说："请继续，找出是什么病因，然后把它治好。"没有人这么做！取而代之的是对巴斯德的嘲笑，"你引领我们进入的世界可实在是奇妙极了"。记得我们之前提到的普歇吗？他决心证明巴斯德的想法是错误的："冰川空气中的细菌这么少吗？我要去更高的地方，向你证明，即使在最高的山上，液体也会变质。"

普歇和一大帮人出发前往比利牛斯山。他们勇往无惧地爬上光滑的岩石，走在令人眩晕的悬崖边，踩在终年积雪之上，穿过暴风雨和雷鸣，扛着烧瓶继续向上攀爬。他们在位于冰海的马拉戴塔冰川上打开了烧瓶——这地方海拔足足在 900 米以上，然后又把它们封上了，但最终，它们全都变质了。普歇说："看，所有的空气都是一样的；液体在任何地方都一样会变质。"巴斯德说："有些人费了老大劲，就为了把自己身上的细菌带到马拉戴塔啊！"

然后，普歇要求科学院成立一个委员会，在两个完全对立的实验之间做出抉择。"行吧，"学院说，"来定个日子吧。"

"现在不行，"普歇说，"现在的天气太冷了，冷到这种程度细菌会被杀死的。"

巴斯德说："什么日子都行，让烧瓶保持温暖其实是很容易的。"但即使按照他的意思选定了日期，普歇还是和学院吵了起来，那场具有决定性意义的实验从未开始过。

相反，巴斯德把他的实验带到了普通人的世界，因为那时每个人都对这一奇妙的发现很感兴趣——发现微生物，或者说是无限小的生物。

人们成群结队地涌进索邦大学的大讲堂：学生、科学家、国务部长、小说家——比如《三个火枪手》的作者，还有乔治·桑德公主，甚至还有普通民众。

讲台上，巴斯德站在观众们面前，严肃但充满活力，灰绿色的眼睛炯炯有神。在他旁边，有两个因形状而闻名的烧瓶，一个是长而弯曲的鹅颈瓶，另一个则是直颈瓶。

巴斯德告诉他们，人们可能会对许多问题产生意见和争议，但对于其中的一个小问题，他能通过实验给他们一个确定的答案。他回答了一个明确的问题："如果先前没有存在同类的物种，生物能来到这个世界吗？"

不行！

巴斯德就像置身于自己的实验室一样，当场向大厅里的观众展示他的简易烧瓶——鹅颈烧瓶，其中装着保存了四年都未曾变质的液体，因为没有活的粒子能够通过鹅颈落入液体中；直颈烧瓶中装有酸性液体。"这二者有什么区别呢？它们装着相同的液体，充满了相同的空气，它们都是敞开的。它们唯一的区别就是：空气中的灰尘和细菌可以落入直颈烧瓶中，接触液体，产生微小的生物。但空气中的细菌不可能或很难接触到鹅颈烧瓶中的液体。"

然后他指着鹅颈烧瓶，用诗意的语言概括了这一伟大的发现：

"在浩瀚无垠的造物世界中，我汲取了一滴水，汲取时它充满了丰富的胶质——也就是，用科学的语言来讲，灌满了最适合小生命发展的元素。我等待着、观察着、质疑着，我求它发发慈悲，希望它能为了取悦我重新开始那原始的创造行为——这将会是多么美妙的情景啊！但它还是静默着！多年来它一直沉寂如故。啊！那是因为我使之远离，一直到现在我还使之远离上帝唯一不曾赋予人类用于生产的东西。我让空气中飘浮的细菌远离它；我让生命远离它，因为生命就是细菌，细菌就是生命。这个简单的实验给自然生成学说致命的打击——永远无法从中产生。

"不，在现如今任何已知的情况下，都不能说微生物是在没有亲本的情况下来到这个世界的。"

观众们对这段话报以热烈的掌声，因为这是一个对非凡世界的新发现。人类已经开始审视敌人的世界——那个无限微小又无限危险的世界。

但这一发现——即液体的变化是由活体引起的，令巴斯德灵机一动，他想到——或许他可以用葡萄酒做一些非常有趣又具有实际意义的实验。法国有着质量上乘的葡萄酒，但它们常常不能长途运输。可怜的水手们在远航开始时带着的还是酒，到家前瓶里的酒却变成了醋。外国顾客也抱怨法国葡萄酒不能长时间保存，导致法国失去了很多生意。

巴斯德在阿尔布瓦的一家旧咖啡馆里搭了一个简陋的实验室，他在那儿用显微镜检查葡萄酒液。他不仅发现了能酿出好酒的活体；还发现了使酒变酸、变苦、变"黏稠"的其他活体。那些没有作用的活体怎么去掉呢？

"把酒加热，"巴斯德说，"这样就能杀死细菌了。"

他让阿尔布瓦的补锅匠做了一个铁篮，然后把装着新鲜葡萄酒的酒瓶放进铁栏里，最后把瓶子和篮子放进同一个铁炉里。他使加热到50℃或60℃的水没至瓶颈的高度。酒在这种情况下不会变质，但酶的活性又因此完全丧失。如果没有空气进入酒瓶，这些葡萄酒就能永远保存下去。这就是"巴氏消毒法"。

为了向全世界展示这种简单处理的大获成功，他们密封好两桶葡萄酒，放在让·巴特的船上。一桶是经过巴氏消毒的葡萄酒，另一桶则是未经加热的葡萄酒。10个月后，让·巴特一家回到港口，那桶经过巴氏消毒的葡萄酒的品质仍然不错，而另一桶中的酒液只能说是尚可饮用。后来，西比勒号载着一船经过巴氏消毒的葡萄酒环游了世界，这些酒在漫长的航行中和不同的气候条件下都始终保持着良好的品质。一切都证明巴斯德的想法是对的。

第七章

摇钱树

　　你听说过塞文人的摇钱树吗？塞文山脉是盘亘于法国南部的高山，在太阳光的照射下，山上泛着红色、黄色以及珍珠贝的光彩；一条深绿的、颜色斑斓的河流把山脉切割成巨大的峡谷和奇奇怪怪的形状。山势如此险峻，农民若非在小梯田上垒筑石墙，维沙固土，那些土壤就会全部被水冲走。搬石头上山造石墙，扛泥土上山修苗圃，这一切的努力都是为了栽种摇钱树——可真是一项了不起的壮举！

　　但这可是一棵摇钱树——若能使民殷财阜，主人们便会不辞辛劳。摇钱树的叶子和其他树一样是绿色的，但为什么独独它被称为摇钱树呢？因为那是桑树，它的叶子是用来养蚕的。世界上所有的丝绸都是由蚕丝制成的。有一个很有趣的传说记述了丝绸是如何传入西方的。两千年前，除了中国，其他地方都不产丝绸。人们认为丝绸是极为珍贵的材料，因此任何把蚕卵带出中国的人，都会被处以极刑。可是，当一位中国公主和外国人成婚时，她实在是太爱养蚕了，便冒死把蚕卵带在身上……就这样，丝绸传到了西方。19世纪初，丝绸曾是法国南部最主要的财富来源。

后来，蚕突然都得了病，它们的脖子拱起，爪子僵硬，样子看起来好似要跳起来的小猫，浑身长满了棕色的斑点，就像被胡椒粉喷过一样。养蚕的人称这种疾病为"空头病"或"蚕微粒子病"。没人知道这是怎么一回事，所有能想到的治疗方法都试过了。可怜的蚕宝宝被撒上硫黄、木炭、芥末、糖、灰烬、煤烟或奎宁。人们还在树上喷洒葡萄酒、朗姆酒和苦艾酒，甚至用上了氯气和煤焦油来熏蒸。

可蚕还是死了，整个国家百废待兴，穷困潦倒，忧心忡忡。乡民们向政府哭诉。但是政府又能做什么呢？政府和农民们一样对这种病害一无所知，只知道法国每年会因此损失一亿法郎。

和巴斯德亦师亦友的杜马出生在丝绸区中心的阿莱斯地区。他对乡民的苦难感同身受。巴斯德解开了这么多奥秘，杜马因此十分肯定他就是解决这一苦难的不二之选。出于悲悯的情怀，他恳请巴斯德看在他们友谊的分上，拯救乡民。但巴斯德醉心于令他着迷的工作，不愿罢手，而且，他说他甚至从未见过那些会吐丝的虫子，所以肯定帮不上忙。除了杜马，所有人都认为叫一位化学家去料理蚕宝宝们实在是荒唐至极——"我们需要的是兽医。"

但由于杜马和法国政府再三请求，巴斯德只好去阿维尼翁见一个人，这个人能帮助他了解蚕茧。

"能帮我带一只蚕茧来吗？"他问昆虫学家。

"这再简单不过了，"法布尔回答说，"我的房东就做蚕茧生意，他就住在隔壁。请您稍等片刻，我会把您想要的东西带来的。"

昆虫学家立即去找他的邻居，回来时口袋里装得鼓鼓囊囊的，里面都是蚕茧。

巴斯德对蚕茧和蚕稍有了解后，就到山上的桑树林中向苗圃的主人们询问情况。

"我们觉得是霍乱，或者也叫虫瘟。"他们说，"没人知道是怎么一回事。蚕有可能刚孵化出来就死了；有时它们苗壮成长，却在化蛾之后死了；或是蚕蛾好端端的，但它们产的卵却孵不出蚕来。这种病没有规律，没有理由，也不知所以然。"

"如果人的眼睛不能发现端倪，解开这个谜团，"巴斯德想，"那我们就试试显微镜，看看能发现些什么。"

于是，他捣碎了一条小虫，把它和水混合，然后往显微镜下滴了一滴混合后的液体。是了！混合液里有一些本不属于蚕宝宝的圆圆的小颗粒！

"这就没错了。"巴斯德立即自己嘀咕道，这并非说给其他人听的，"那些圆圆的小颗粒就是虫瘟。"他的脑袋瓜就是这么灵光！理解速度奇快，就仿佛有魔法在他的脑子里起作用。但与此同时，他要保持清醒的头脑，必须把来龙去脉都摸清楚才可以公之于众。

　　把蚕宝宝一只只拿起来检查是非常费时的事。每一只蚕宝宝的成长历程都不一样。卵的孵化安排在第一片树叶变绿的那一刻。等蚕卵一孵化出蚕宝宝，姑娘们就开始收集桑叶，然后把撕成小片的桑叶和蚕宝宝一起放在温暖的柳条托盘上。在一个这样大小的托盘里聚集着成千上万条蚕宝宝，确实是让人毛骨悚然，浑身起鸡皮疙瘩。每8天蚕宝宝就会蜕一次皮，它们吃得越来越多，长得越来越大。当无病无灾时，它们能在短短1个月里长到自己原有体重的上万倍，姑娘们越来越卖力地采集桑叶，因为只有这样才能保证充足的食物供给。32天后，当蚕长到和拇指一样大时，它们就变得像在做梦一般恍恍惚惚，好像在思考自己的宏图伟业。这时，姑娘们就把长长的石楠花枝插入托盘的边缘，石楠花枝一条接着一条，一直延伸到谷仓高高的屋顶，在托盘上方形成了一条拱形的石楠花道。蚕爬上石楠花大道吐丝作茧。然后变成蚕蛹开始休眠，如果条件允许，它们就能化蛾破茧、产卵，于是蚕的一生又进入了下一次循环。

　　但一切大快朵颐、攀爬和吐丝织茧的景象都成为过去的事了；如今，病害无处不在，家家一片凄惨。不难看出，不论在一年内巴斯德有什么发现，他都要再等一年才能验证他的想法。而如果他判断失误，他就得再过一年才能回到正轨。这是份相当漫长的工作。

研究才开始了几天，有封电报就把他叫走了！他深爱着的父亲——让·约瑟夫病得很重。你还记得他会"像罗基人一样"去爱吧？他的父亲是他一生的挚友。他急忙赶回家，可他的父亲在他到家之前就去世了。

还有更大的悲痛在等待着他。他两个心肝宝贝中的一个——卡米尔，也病得很重。以前，尽管白天得在实验室里工作，夜里他总是坐在她身边陪着她。但再细心的护理或照料都没有办法把那个孩子从死神手里救回来了，她也死了。巴斯德是多么渴望能找到一种方法，把像他一样的父母们从悲痛中解救出来。虽然他还没有看到出路，但他的工作正引领着他朝这个目标前进。仅仅一年后，伤寒又带走了他 12 岁的女儿塞茜尔。他注定还会因这种可怕的疾病再失去一个孩子。

大约就在那段时间，在 1865 年，霍乱传到了巴黎。抱着能从中发现点什么的希望，巴斯德对霍乱患者的血液进行了分析。

"你不怕吗？"他的一个朋友问。

"义不容辞啊……"巴斯德回答道。

接下来，发生了一件其他人都觉得是值得额手称庆的事——拿破仑三世邀请巴斯德，在他位于贡比涅森林中舒适的庄园里共度一周。

对巴斯德而言，另一个世界的人的生活方式一定令他大开眼界。

小小的化学家沿着有镀金扶手的宽阔楼梯迈步向上，穿过警卫室和长长的走廊，走廊两侧挂着画有唐吉诃德生平故事的画作。我们不禁在想，他有没有注意到那些可爱的家具、椅子的饰挂绣帷上编织出色彩迷人的花朵，以及博韦和奥布森乡村景色呢？

对他来说，坐下来，靠在柔软、精致、如画一般的手工织物上，看着墙上那些总是站在鲜艳的背景前的人杰，算得上是一种快乐吗？他会认为他自己的两个孩子比小王子更幸运吗？住在他们各自不同的两种房间里——一个房间绿森森的，里面布满奇形怪状百合花的装饰画，另一个房间通往迷人的公园和玫瑰色的步道？

到了晚上，招待会在宽敞的节日大厅里举行；男人们穿着华丽的制服，女人们穿着明艳的长裙，在红色的博韦织锦椅之间穿梭，她们的脚步轻快地落在由世界上最伟大的纺织能手——戈布兰工匠们织成的巨大地毯上。大家都聚在一起：皇帝和皇后、俄国和普鲁士的大使、小说家桑多、画家博德里、因违背了盛行的美学风潮而不那么受到敬重的维欧勒·勒·杜克，还有朝臣和侍女们。节日大厅里群英荟萃，但皇帝和皇后都只希望能和巴斯德聊一聊，因为他们想听听有关发酵的事，皇后还想让巴斯德承诺，承诺他不会抛下蚕不管。巴斯德觉得他必须赶紧让人去巴黎把自己的显微镜取过来。

在显微镜送达之前，他与那些被称为伟人的人一起生活了一阵：早晨，他坐着六驾马车穿过森林里绿树成荫的美丽大道；听猎犬对牡鹿的吠叫；晚上，享用丰盛的晚餐，用完餐再观看火把队伍在一片强光中行进，皇帝的猎犬在这奇特的强光下炫耀着它们绝对服从的伎俩——又有谁知道他有多么心不在焉呢？第二天，他再次乘着马车穿过美丽的森林，来到皮埃尔丰中世纪城堡的寒冷房间里野餐。但是为了赶赴和皇帝管家的约会，巴斯德又回来了，管家之前答应巴斯德会在皇室的酒窖里找一找变质的葡萄酒——这可不容易。当其他客人在排练一出戏剧时，巴斯德则独自一人盯着那个使葡萄酒变苦涩的小小霉菌看了好几个小时。

4点钟的时候，他拿着葡萄酒酒样和显微镜去了皇帝摆满了书的书房。巴斯德向陛下展示了显微镜下的霉菌和其他东西，并回答了陛下提出的问题。皇帝想知道他为什么不把自己的发现转化为金钱从而致富。"在法国，"巴斯德回答说，"如果科学家们这样做，他们会认为是在贬低自己。"

皇后看他如此，十分欣喜，坚持亲自把显微镜端到她的茶厅去，并请巴斯德给她的客人们上一堂科学课。

从皇后那里回来后，巴斯德又接着研究蚕。在那条流经阿莱斯的河对面，沿着一条小巷蜿蜒而上，经过一座跨越小溪的小桥，便是一处美丽的庄园。在它旁边有一座长而低矮、正值盛花期的橘子园，巴斯德和家人带着蚕和显微镜在那里安顿了下来。

现在养蚕的事主要都靠巴斯德啦。他有自己的打算。巴斯德把蚕蛾的卵单独分开，这样他就知道每只蚕蛾都在做什么。一旦蚕蛾产了卵，他就立刻在显微镜下观察那只蛾子。如果没有发现圆形的微粒，他就能预先判断："卵和蚕宝宝里都不会有微粒，这一系蚕蛾也不会生病。"结果就不言自明了。谜团解开了！

但是唉！唉！邻居家养的蚕又是怎么回事呢？他得到了一只完全健康的蚕蛾产下的蚕卵，蚕卵也很健康，没有微粒出现；然而从这些卵中孵化出的蚕却病了。巴斯德大惊失色。到头来他什么也没发现吗？他去邻居的蚕室里仔仔细细地检查了一番。健康蚕的上方有个托盘，里面盛的是不同种类蚕卵孵出来的小蚕。上面这一盘的蚕生病了；它们的排泄物落在了下层蚕的食物上，这才导致健康的蚕也害了病！

难怪！空头病是从亲本里遗传来的，并且具有传染性。这样问题就解决了吗？还没有。

巴斯德有16盘非常健康的蚕卵，都清清爽爽，按道理应该能孵化出16盘健健康康的蚕。然而，有一批孵化出的蚕渐渐都死掉了。他每天都能带着悲伤和震惊的表情，挑出大约15条死蚕；它们死得很惨——黑乎乎、软绵绵，霉烂成一团，看上去像是被抽走了空气而压扁了的气球。然而，即使用上了最先进的显微镜，巴斯德也没发现任何微粒。难道整件事都是个错误吗？他得从头再来吗？显微镜也没用了吗？胡说八道！巴斯德观察得更仔细了。在显微镜下，确实没有微粒；但是那些笔直的黑色印记是什么？暂且称它们为弧菌好了。巴斯德做了更多实验，发现蚕其实死于两种疾病，而当时所有人都认为害死蚕的只是一种疾病。

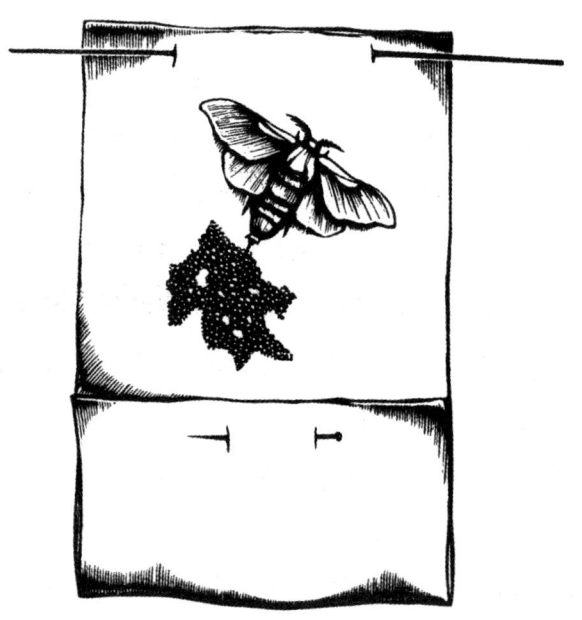

最后，巴斯德终于总结了一个绝对可靠的方法来帮助蚕农保护蚕虫的健康：让每只蚕蛾在一块独立的亚麻布上产卵。当蚕蛾产完卵后，就将其固定在方格的一个角袋里。这并不残忍，因为蚕蛾在产完卵后不久便会死去。之后，将蚕蛾加水捣烂，再在显微镜下观察蚕蛾和水的混合液。但凡混合液中有一个菌体，就销毁这只蚕蛾产下的所有卵。在只考虑预防空头病的情况下，如果没有发现菌体，那么这些卵是健康的。为了预防第二种疾病——蚕软化病，用同样的方法检测，但只测试蚕蛾的腹部是否有弧菌。

你觉得这场战斗已经胜利了，对吧？根本没有！巴斯德没有想到那些头脑灵光的商人，竟然从世界各地收集蚕卵——或他们所谓的"种子"，然后卖给蚕农。这些种子商人强烈反对巴斯德的说法，说服蚕农相信他们的种子质量很好，巴斯德的方法都是一派胡言，因为普通人根本没法使用显微镜。这让巴斯德大为恼火。他十分生气，因为他最不愿意看到的就是仅仅因为狡猾的商人想获得利润，就害得贫穷无知的农民失去自己辛勤劳动的成果。里昂的商人甚至得寸进尺，他们散布谣言，说巴斯德的方法其实已经彻底失败了，阿莱斯人已经扔着石头把他驱逐出阿莱斯了。

由于担心这些愚蠢行为和不怀好意会阻碍丝绸业的繁荣，巴斯德病了，病得很重。有一段时间他说不出话，还得了偏瘫。他以为自己行将就木："但我还有很多事要做。"其他人也以为他时日不多了，吝啬得难以形容的政府叫停了皇帝授予巴斯德的新实验室的建设工程。时不时地，病中的巴斯德把妻子或女儿叫到床前，询问她们实验室的墙又砌了多长。她们对巴斯德撒了谎，实在不敢告诉他其实工程已经停工了。当巴斯德开始怀疑时，消息传到了皇帝那儿，皇帝命令工人们继续施工。结果，那场病也不至于像看上去那么糟糕。当巴斯德康复时，他一瘸一拐的，手指蜷缩到掌心，因此几年后所有人都不允许他参军上战场，全世界都想把他留作科学研究之用。

早在康复前的很长一段时间里，巴斯德一直坚持要回去继续研究他的蚕。他必须被搀扶着才能登上火车，由于太虚弱，以致他在尝试着自己迈步行走时，摔倒了；什么也阻挡不了巴斯德那不服输的劲头，只有他的小女儿能破例，她知道大家都在努力让爸爸休息，所以她也打算尽自己一份心。"她啊，"慈爱的父亲抱怨道，"无情地拿走了我的书、笔、纸，毅然决然，使我感到幸福又绝望。"

尽管有蚕种商人经销蚕种，人们还是都写信问巴斯德要蚕卵。申请者中有一些是来自丝绸重镇——里昂的科学家。而巴斯德送来的东西超乎所求：除了种子之外，还能未卜先知。"这儿有4包种子，"他说，"第1包会成功孵化，第2包孵出的蚕都将死于空头病，第3包孵出的都将死于软化病，第4包中的一些将死于空头病，另一些将死于软化病。"

果不其然，一切都不出巴斯德所料。

皇帝手下有一位元老，他在杜伊勒里宫的书房里按巴斯德的方法养蚕。他说服皇帝把一栋位于伊利里亚的庄园借给了巴斯德，那是一栋舒适的意大利庄园。在那里，巴斯德呼吸着清新的空气，在阳光明媚的亚得里亚海岸，他逐渐恢复了些。维拉维琴蒂纳曾经是一个丝绸工坊：曾经种下的桑树都还在；但庄园已经 10 年没有任何利润了。

巴斯德给了蚕农 25 批蚕卵，又给自己留了 25 批。管家一听说又能开始养蚕了，就把老的，差的蚕卵卖给蚕农。后来巴斯德对此大发雷霆，这会让你多少解点恨吧！短短一年内，庄园就获利 2.2 万法郎，意大利丝绸业也开始用巴斯德的方法养蚕。

就这样，桑树又成了摇钱树；巴斯德的研究给法国带来了巨大的财富，多到足以支付 1870 年战争后德国向法国索赔的 500 万英镑的赔偿金。

巴斯德对蚕的研究还带来了比财富更重要的东西。你有没有注意到一个奇妙的事实？那就是巴斯德已经证明了一种活的微生物可以引发另一种生物的疾病，这种想法是以前的人想都不敢想的。他也第一次解开了关于遗传和传染的众多难题之一，而这一切中最棒的莫过于他找到了一条能够让全世界免于传染病的准则。没错，这些都只是来自对一只小小的蚕的研究。但是，如果动物或人类与蚕虫并无根本的不同呢？

这些事件发生很久之后，巴斯德接到任命，作为法国代表参加在意大利举办的国际蚕丝培育大会。他被带去参观一家大型养蚕厂时，看到工厂的大门上赫然写着"巴斯德"三个大字，又惊又喜。他在写给一位朋友的信中感叹道：对他的工作如此致敬，能消弭来自敌对者的一切矛盾和阻碍。看看蚕种厂是个多好的地方！光是使用显微镜检验蚕卵这一项工作，就由 60～70 个女工来完成，每天工作 10 个小时，检测 4 万个蚕蛾卵。一级和二级质控使"错误没有机会发生"。

结束丝绸这个话题之前，我们不能不听听巴斯德在蚕丝大会上说的几句话。他在提议为"科学的和平战争"举杯时说："我心中有两个笃定的信念：第一个是科学没有国界；第二个信念似乎与前者相左，实际上却是前者的直接后果，那就是——科学是国家的最高化身。科学没有国界，因为知识是人类的共同财富，是照亮世界的火焰。科学是国家的最高化身，因为在所有国家中，思想与精神遥遥领先者永远一骑绝尘。"

"那么，让我们在和平的科学领域为获得各国的卓越地位而不断奋斗吧。让我们奋斗，因为奋斗是努力、是生命，因为奋斗的最终目的是进步！"

第八章

战　争

"如果在不幸时，我背井离乡，寻求比她更好的荣华富贵，我想我就应该承受和逃兵一样的痛苦。"

在从伊利里亚返乡的路上，巴斯德还打算去拜访一个人。这个人就是住在慕尼黑的德国老化学家李比希，也是他的主要竞争对手之一。李比希愉快地接待了他，说要请他吃饭，还带他参观了自己的实验室。突然，巴斯德看到了一些自己正在做的实验项目，也在这里进行着。"你，"巴斯德问道："是不是赞同我的观点了？"

但李比希支吾着匆忙带过，转而谈起别的事情，完全不再听巴斯德说些什么——他简直是装聋作哑。到了门口，他把客人送了出去，辩称是因为自己的身体欠安，才没能和尊贵的客人聊得更久一些。他已经把请吃饭这事忘得一干二净了。

巴斯德回到巴黎时，可怕的普法战争已经爆发了。巴斯德因为一只手臂瘫痪，所以无法入伍。他的家——高等师范学校变成了医院，他的朋友跟他说，在巴黎，他啥用处都派不上，只会平添一张需要吃饭的嘴而已。

　　巴斯德十分难过，于是，他离开巴黎去了阿尔布瓦，他觉得自己的思绪乱如麻，像一匹失了用武之地的马一样荒废了。没有实验室他该怎么工作？他试着爱上阅读，但还是想工作。阅读不时被传令兵的号角声打断。战争迫在眉睫，就发生在自己的家园，就发生在首都的附近；然而最新的消息却是寥寥无几。传令兵喊话时，所有人都激动地冲到古伊桑斯河的桥上去听。当他开始用沙哑的声音呼喊时，每个人都在满怀希望地聆听！但他们该是怎样绝望啊，一次又一次听到法国失败——节节败退，军队被击溃，城市被占领，皇帝投降，8.3万名士兵饥寒交迫、水深火热，等着被德军俘虏，失守的城池被轰炸，最后巴黎被困成为压倒法国人的最后一根稻草；当阿尔萨斯和洛林也被纳入可憎外国人的铁蹄之下时，法国人终于迎来了和平——笼罩在恐怖阴影之下的和平。

　　巴斯德的悲伤变为了愤怒。与其说是伴随着战争自然而然带来的恐惧触动了他，不如说是那些不必要的残酷行径揪紧了他的心。在阿尔布瓦，一个糖果店的小男孩——邻居们都喜欢叫他小饼干——跑到街上看德国人胜利后的列队行进表演，但德国人在光天化日之下射杀了他。沿着这条通向蒙蒂尼的小路，再往前走一些，一名被炮弹吓得惊魂未定的士兵误放了一枪，德国人也开枪射杀了他……对于普鲁士人的这些行径，人们听多了，便习以为常了，但在1870年的法国，人人都期盼战争中会涌现骑士精神。

巴斯德虽然爱莫能助，但他始终忠于自己从小到大接受的教导，即人人当出一份绵薄之力。他将波恩大学授予他的博士文凭寄回了德国。"我看到那张羊皮纸就觉得恶心，"他写道，"我看到自己的名字时觉得受到了冒犯，因为你们给我的荣誉称号，被放在威廉·腓特烈·路德维希的名字下面，那个从此以后会被我和我的祖国咒骂的名字。"

巴斯德的儿子让·巴普蒂斯特在参军后音信全无，他已满18岁，按道理该复员了。冬日的一天，因为无法忍受儿子的生死不明，他和妻女坐着摇摇晃晃的旧出租马车，动身去找儿子。汝拉的狂风以其独有的强劲撕开山脉间的缝隙。山路蜿蜒曲折，马车穿过碎石坡上的路堑，通过了前往蒙托的山口。他们在那儿的一个小客栈里凑活过了一夜。第二天，全家跋涉过荒凉阴冷、风声瑟瑟的高原，经过巴斯德祖先的故乡；又穿过深色枝条上积满皑皑白雪的松树林；终于到达了歇脚处——桑索。

再往上就是没有护栏的道路了。坐在一架封闭的马车里，这种出行方式在春天几乎是无法忍受的。只消想想在寒冷的冬天，坐一辆嘎吱作响出租马车上山是什么感觉，就已经让人不寒而栗了。他们在沙富瓦的一个小村庄里暂住了一晚。第二天，他们到达了蓬塔利耶，一个紧挨着法国和瑞士的边境线的地方。

蓬塔利耶到处是被遣散的士兵，他们或是在街边的火堆旁取暖，或是在冰冷的教堂里挤作一团。巴斯德夫人挨个儿询问是否有人看见她的儿子。忽然，一个路过的士兵无意中听到了她的问话。

"巴斯德中士！是的，他还活着；昨晚在沙富瓦时我还睡在他旁边。他活下来了，只是病了。"

所以，其实这一家人和他们失散的儿子都睡在同一个村子里，就这么一个小小的村子，却失之交臂。他们的心情激动而热切，又生出几分担忧，正当他们准备离开蓬塔利耶，打算转身原路返回时，从一辆经过他们身边的马车里跳下来了一个没精打采的士兵。是那个男孩！

这位年轻的士兵不能留在法国，他不得不逃到瑞士去，所以巴斯德也跟着他一起去了。

巴斯德回国后，没有地方工作，而工作于他而言又是生命中必不可少的一部分。高等师范学校遭到了轰炸；阿尔布瓦成了普鲁士的一个仓库。意大利愿意给他一个落脚处、一间实验室和工作的机会。巴斯德犹豫了。在不幸的法国，他什么也做不了。但在意大利，他说不定有机会把法国的发现带到国外，让法国名扬四海，从而曲线救国。意大利人急于得到巴斯德，于是给他提高了薪水。他们以为巴斯德是可以用钱收买的，但他们错了。巴斯德不忍心在他的国家处于危难之中时，还想着安逸。他要留在法国，和他的国家患难与共。

此外，他或许还有一件事可做。法国啤酒的质量一直不如德国啤酒。他也许能找出原因并加以改进，因为他怀疑法国啤酒的不足之处与发酵有关。在克莱蒙费朗和鲁瓦扬浴场之间，有一块繁忙的作业区——沙玛利埃。在沙玛利埃的主街上有一家兴盛的啤酒厂。现在去那里打听打听，货车司机也好，忙碌的清道夫也好，问他们是否了解巴斯德，你肯定能得到一个愉悦而有趣的回答："当然，巴斯德之前就在那儿！巴斯德在那里做实验。巴氏消毒啤酒的想法就是从那里萌芽的。"如果你是因为巴斯德的缘故前去，主人会很乐意带你四处参观，并百分百回答你全部的问题。

当年巴斯德去啤酒厂时，情况与如今大不相同，因为连老板自己都不知道问题的答案。他们还一如既往地按老方法酿造啤酒。如果酿造出了问题，他们就怪罪于酵母，然后丢掉这批酵母，再买更多的新酵母。现如今，当你来到冒泡的酵母大桶前，他们会自豪地告诉你："酵母从来没有出过问题；我们使用预先测试过的酵母；还记得吧，是巴斯德教会了我们一种测试酵母的方法。"

啤酒厂是个相当潮湿的地方。走过像溪流一样的通道，两侧都是正在安静发酵的啤酒大桶；爬上潮湿的梯子，俯瞰广场一般的酒厂，码好的酒桶里都泛着黄色的泡沫；当你哆哆嗦嗦地走进冷藏室，惊奇地默默注视着那些巨大的圆桶时，为了杀死微生物而经过高温处理的啤酒正在圆桶里迅速地发酵冷却。无论是你看到的还是听到的，这里的每一个步骤都有巴斯德留下的痕迹。

在巴斯德的时代，沙玛利埃的酿酒厂规模还是太小了，没法让他看到他想要的东西，所以他去了伦敦。一大清早，他就去拜访了当地最大的酿酒厂之一。经理认为这位法国客人——一位聪明绝顶而又稀奇古怪的客人——就是来参观的。客人问了经理几个问题，希望经理能允许他取一些波特酒桶里的香膏放在随身带来的显微镜下观察。经理在一旁急于继续这次参观，所以对巴斯德说的话措手不及："你的客户大概是不会对此感到满意的！"他一边说，一边画下了从显微镜里看到的微生物。经理吃惊极了，又重新打量起了巴斯德！这个突然闯入伦敦啤酒厂的客人难道是巫师吗？酒厂的负责人正冥思苦想，试图弥补啤酒的缺陷以应对客户的差评，但这件事明明是酒厂的机密啊！

他们把厂里所有的啤酒样品都拿出来给巴斯德鉴定。当他向他们指出啤酒里所有不符合要求的酵母时，这次来访的时间被拖延得越来越长。他们愿意学习，因为所见所闻对他们大有益处不是吗？而且还不用付钱！他们派人去叫老板。老板带巴斯德去看了积压在角落里、已然束手无策的劣质啤酒。那些啤酒的品质很糟糕，非常糟糕，但是，尽管看起来很糟糕，巴斯德却并没有在其中发现任何疾病。岂有此理！

但他还是觉得那些啤酒里一定有病菌。他刮了刮木桶的底部并查验了一番，发现那些东西不过是些本就浸在啤酒里的微生物罢了。一周后，当他再次造访酿酒厂时，他们已经为他配置好了一台显微镜。

第九章

预言成真

　　你不相信预言，对吗？然而，有些预言却成真了。在巴斯德诞生前两百年，一个名叫波义耳的英国人曾预言道："对发酵菌了如指掌的人将能够解释疾病。"这条预言会成真吗？有一个人肯定了解发酵菌，但还不能够解释疾病，他并非医生，只是名化学家。

　　尽管如此，巴斯德还是希望自己能成为一名医生，能研究疾病，因为他曾为自己孩子的离去肝肠寸断，并对每一个为早亡而悲伤的人充满同情。但不论是兽医还是给人看病的医生，都反对让一个普普通通的化学家涉足对疾病的研究，即使他的对象只是些生病的毛虫。如果这位化学家胆敢干涉内科和外科医生职业中的特权，他们又会做何评论呢？

但碰巧的是，法国医学学会中不仅有会员，还有准会员，准会员中一部分人的职业并不是医生。巴斯德获得了一半会员的赞成票，再加上额外的一票，他得到了多数赞成，因此被选举为准会员。那次投票，幸运之神眷顾了他。

投票后第二周的星期二，也就是1873年4月的一个周二，一位有些跛脚的化学家踏上原慈善医院的台阶，走进一个装饰奇特的讲演厅，然后在一个很不起眼的地方坐下了，在一众大名鼎鼎的医生之中丝毫不引人注意。他们一定想不到是谁坐在了他们之中！他们怎么能想到——只要那个小个子说一句真话，他们所有的想法、公式、药方和长期以来的无知就会像光滑桌子上的纸牌屋一样轰然倾覆。

那时候，医生们的说法是：人们生病，是因为他们本来就病了。如果有人胆敢提出麻疹只可能来自麻疹病菌，或是水痘只可能来自水痘病菌的想法，他们会感到十分惊讶。出于某些奇怪的原因，他们宣称：如果相信疾病来自且仅来自自身的细菌，那么医学就会止步不前了。确实由自身细菌造成的疾病被称为"特异性疾病"，医生们讨厌这个词。若是他们的想法正确，人们是不会在意他们的观点是什么，或者他们坚持这个观点有多么困难。但可怜的病人却在哭着喊着，希望发生在身上的病情能有转机。

曾经有一种手术使所有经历过手术的人都丢了性命。"啊！是巴黎的空气杀死了这些人，这些可怜人。"医生们说，"让我们在乡下开一家医院，然后你就会知道我们是有能力完成那个手术的！"所以，他们就去乡下开了医院。10 名妇女被抬上手术台，最后从里面抬出来的却是 10 口棺材。

大家都一起经历了 1870 年的战争。过去，人们用膏药敷伤口，然而，因为使用膏药而死的人比因受伤而死的人还要多；人们用旧床单包扎伤口，没有因使用膏药而死的人又因为用旧床单包扎伤口而丧了命。医院的病房里，每个人都能闻到腐烂的气味，每个人都希望自己的耳朵能在令人难以忍受的痛苦哭喊中获得哪怕片刻的宁静。大家都说，那个能够阻止伤口恶化的人，值得塑一座金身雕像。

在第一次周二例会上，关于这个问题的争论非常激烈。当所有名医发言结束后，有人礼貌性地转头询问巴斯德的想法。还记得吧——他只是一个准会员，一个无名小卒；但这并不妨碍他在回答时强调自己的观点，以至速记员在他的话下面加上了下划线：

"疾病和活菌的出现之间一定存在着某种关系，除非细菌侵入啤酒，否则啤酒是不会发生变化的，而且也有办法逆转这种细菌侵入的情况；如果不是因为存在某种特定的菌种，酒根本不会变质。"

人们不禁要问：当这些伟大的医生们听到人体被拿来和啤酒、葡萄酒一起比较时，他们会怎么想呢？你又是怎么认为的呢？不论大家的想法如何，重要的是，那个周二，有一群人在场，他们对于所听到的新事物欣喜不已。年轻的医学生们开始成群结队地去参加周二的会议，以免错过巴斯德的新发言、新想法。难道你不也和他们一样，会为新事物高歌吗？特别是那个名叫鲁的 21 岁男孩。他的脸很清瘦，眼睛明亮，有着清晰的嗓音和对真理的热爱。他将成为巴斯德的左膀右臂，并在对白喉的研究中发挥重要的作用。

巴斯德开始了新的生活，但新生活并非处处如意。有一位外科医生——盖兰先生在战争快要结束时突然想到，可能是巴斯德发现的发酵菌引起了所有的伤口问题。所以他为所有的医疗器械和伤员的伤口消了毒，还用棉絮过滤了伤口周围的空气。34 名接受手术的人中，有 19 人死里逃生！没有人相信这样的事。这实在是太不寻常，太奇妙了。盖兰带巴斯德去了医院。可怜的巴斯德！他无法忍受眼前所看到的景象：区区一把切开脓肿的手术刀也使他发抖，就仿佛是他自己被割伤了一样。他走出医院，直犯恶心，之后又回到了医院。

后来发生了一件让他非常高兴的事，他收到了一封来自一名英国外科医生的信。信中说，这名英国医生在外科手术中运用了巴斯德的想法，并取得了巨大的成功。利斯特，这个人是利斯特——全英国最伟大的外科医生之一。他写道，当巴斯德说伤口会因为微生物而恶化时，他相信了，并在爱丁堡的医院里引进了消毒手术。

这个世界上最悲哀的事情之一，莫过于可爱年轻的母亲因难产而离世。这种情况在过去并不鲜见，但利斯特教医生们如何不让这种悲剧再次发生。一天，一名思想保守的医生在进行演讲，内容是关于妇产疾病，他认为微生物并不存在："我倒想见识见识，谁能让我见到那个微生物？"

巴斯德急忙从他在大厅的座位上起身，走到讲台上，拿起一支粉笔，然后开始在黑板上画画——"这是它的身子，"他说，"这是它的脸！"

"如果你有朝一日来到爱丁堡，"利斯特写道，"我想，如果你能到我们的医院里来，看看人类到底从你的研究中获得了多么巨大的益处，这才是对你工作真正的回报。"

从那之后，你大概认为所有的医生都会聚在一起研究巴斯德的成果，但实际上，他们却在嘲笑利斯特，同时也嘲笑巴斯德。巴斯德觉得自己难以忍受他们的嘲笑和反驳。他热爱真理，并且在寻求真理的路上孜孜以求、不厌其烦，急不可耐地捍卫真理。他一开口，便滔滔不绝，言辞激烈。"我驳斥我的对手，因为我有把握，"他说，"随便哪一个我推演的证明，他们都不敢反驳。用事实来证明我的实验是错的啊，而不要一次又一次地重复我的实验，却又如此草率行事。"

第十章

不幸的牲畜

依照你对巴斯德的了解，你绝对想不到，他会提着一筐鸡走在巴黎的大街上吧！

但是没错，巴斯德就在那儿，正从庄严的高等师范学院里走出来。从他的右肩看过去，可以看见先贤祠华丽的穹顶，而他手里提着一个用柳条编织的鸡笼，里面有一只活蹦乱跳的雌黑松鸡，一只神气十足的黑母鸡和一只已经死了的白母鸡。

几分钟后，全医学院上下和正襟危坐的医生们都被讲台桌上的三只母鸡惊呆了。巴斯德喜欢让人们眼见为实。有一次，他的对手们反驳他，说巴斯德所认为的左旋晶面实际上是右旋晶面；而右旋晶面其实是左旋晶面，于是，他做了很多个巨大的纸板模型，把它们带到了科学院，告诉那些白痴，这只是你拿东西的方向有问题！他一点儿也不介意在对手的书页空白处写上"白痴"二字或者一句表示厌恶的"哦！哦！"晶面事件之后，他的朋友又激动又生气地对他说："奇怪了——你居然没有直接把那些纸盒子扔到他们头上！"

至于要怎么把母鸡扔到他们头上，巴斯德有自己的方法。

这就是母鸡出现在这里的原因。牛、羊、马、猪，甚至不幸的牧羊人、农民和牧民都在因炭疽病而死去。但你在这份清单上没看到"母鸡"的名字，对吧？

你也不知道炭疽是什么，但这不重要，你只不过和那些农民、牧羊人一样罢了。在奥弗涅大区的高地上，一位牧羊妇正跟在她可爱的羊群后面走着，突然，一只羊停了下来，低着头，双腿打战，浑身发抖。它上气不接下气，鲜血从嘴和鼻子流出来。还没来得及等那个放羊的老妇人上前查看，它就死了，尸体肿了起来；如果这时有人在它身上切一个口子，就会看到流出的血变成了黑色的浓稠黏液。整个羊群很快就都会死去。"啊！这些牲畜，"农场主说，"它们不是上了'巫婆山'，就是跑到'倒霉的土地'上去了。"还有的农场主说："养羊有什么用呢？我的农场难道不一直是个炭疽农场吗？"

牧羊妇还得尽可能小心一些，免得碰到羊的身体，因为但凡她手上有一点儿刮伤，也会死于炭疽病。农民们的日子很难熬。通常都是最好的农场遭受最严重的损失，而死去的都是最健壮的牲畜。对一个小地区而言，50万法郎的损失可不是一笔小数目，何况法郎在当时比现在更值钱。

自然，医生、兽医和化学家们都在千方百计地寻方问药，但首当其冲的是，他们必须找到病因。那时，他们已经习惯于怀疑某个地方有微生物，果然，他们从一只死于炭疽的动物的血液中发现了这种微生物。他们用汤作为培养基；不一会儿，就获得了很多这种微生物，它们像一团羊毛一样缠在一起。人们把它注射进兔子体内，兔子就死了，而且死因就是炭疽。好极了！一切都很清楚了！不，这还不是很清楚！医生又给一匹马注射了含有炭疽的血液，马立刻就死了；但没有人在马的体内发现炭疽病菌的痕迹。

巴斯德说："我认为这匹马是因为别的什么原因而死的。"事实证明确实如此。

前人对炭疽的研究已经挺丰富的了，但似乎需要巴斯德来帮他们厘清头绪。巴斯德说，他认为那只因炭疽病而死的兔子死亡的时间已经很长了，导致它的体内出现了另一种疾病的病菌，实验人员用它的血液在马身上做实验时，把那种比炭疽更致命的病菌一同注射进了马的体内，正是因为那种可怕的东西，马死了。

后来的一天，当医生们讨论起这些事时，巴斯德碰巧提了一句——母鸡就不会得炭疽病。

"它们会得炭疽！"他的对手科林医生说。

"行行好，"巴斯德说，"我会把这些细菌给你，作为交换，你帮我带一只死于炭疽的母鸡来。"

"当然可以！"科林说。

日子一天天过去了，但母鸡还是一直没送到巴斯德的实验室里。

科林倒是来了。"我的母鸡呢？"还没握手，巴斯德就先说道。"相信我，"科林说，"下周你就可以见到母鸡了。"

然后巴斯德就去度假了，但当他回来参加学院的第一次会议时，他向科林打招呼时说："我的母鸡！"

"我刚刚回去做我的炭疽实验，"科林说，"我很快就会把母鸡带来的。"

几天又过去了，几周也过去了。他俩每次见面都是一个再三提醒，一个郑重承诺。最后，巴斯德在学院的一次会议上把这个故事讲开了，更让人大吃一惊的是，他还说："但我会给科林先生一只死于炭疽的母鸡。"

"啊！"科林说，"我本来是把我的母鸡带来了。有两只鸡被我注射了大剂量的炭疽病菌；但它们都还好好的，一只贪吃的狗把它们都吃掉了。如果没被吃掉，可能也已经死了。"

巴斯德却说到做到——摆在大家眼前的就是一只死于炭疽的白母鸡。连他自己都认为是不可能的事，他是如何做到的呢？母鸡的自然体温是42℃，远高于其他死于炭疽的动物。所以，巴斯德把白母鸡在冷水中浸了很长一段时间，当白母鸡的体温降低时，把炭疽注射到母鸡体内，母鸡很快就死了。为了证明那只白母鸡不是死于冷水浴，他把黑母鸡也在冷水里放了同样长的时间，而黑母鸡却好端端的。雌黑松鸡没有浸在冷水里；但被注射了炭疽病菌，它的状态也很好。这组对照实验控制得不是很好吗？那只白母鸡肯定死于炭疽病。

但此时真正引起巴斯德兴趣的是：那匹马被注射了炭疽，但它的死因却并非炭疽。当然，他还发现了其他东西——一种长长的，会蠕动的鳗鱼状微生物。按照惯例，巴斯德把它放在肉汤或是其他能够让它获得营养的东西里培养，然后它就开始生长了。在经过消毒或是失活的液体中培养出的微生物，被称为"纯培养物"。巴斯德像种植蓝色罂粟花的园丁一样，精心地培育着那些令人厌恶的微生物。他把一滴含有像鳗鱼一样的微生物的培养液滴在羊腿的切口上，看着肉变成绿色，充气膨胀，最后分解在一摊恶心的汁水中。请原谅我这样进行描述，但想想如果这滴培养液中一个微生物进入了你腿上的伤口，结果会如何？

"如果我是一名外科医生，"巴斯德说，"我会把用过的所有东西都在火里烧一遍，直到确认上面的微生物都被杀死了。我还会把双手迅速在火焰上过一过。"

巴斯德还从那个像鳗鱼状的东西身上发现了其他端倪：它无法在空气中生存。虽然不行，但当它死了的时候——千万别忘了，它可有成千上万个，上面的只要一接触空气就死了，尸体则保护下面的同胞免受空气的影响，这样一来，下面的同胞们就可以继续完成它们可怕的工作了。"尽管如此，"巴斯德说，"如果这些可怕的微生物如此脆弱，脆弱到仅仅只需要空气就能把他们消灭殆尽，难道我们不能弄懂它们，然后一举把它们征服吗？"他的心中充满了希望，便以百倍的热情投入到工作中去。

千头万绪，纷然杂陈。有人替一名已故化学家出版了一本书，在这本书中，巴斯德关于发酵菌的观点遭到了反驳。书上写道，发酵菌不会跑到外面来，它始终都只在葡萄内部。

"我会种葡萄的，"巴斯德心想，"那种永远不会发酵，也不能用来酿制葡萄酒的葡萄。"于是，火车将一些神秘的玻璃屋运到了阿尔布瓦。当农民们背着他们采葡萄的背篓走在贝桑根的路上时，停下脚步，觉得好笑——在开阔的山坡上长得很好的葡萄，现在却要被关在别具一格的新房子里种植。当看到一些葡萄甚至还用厚厚的棉絮包裹着的时候，他们耸了耸肩，放弃去理解这种荒唐之举。巴斯德把房子封了起来，这样空气和土壤中的灰尘就不会落到葡萄上，为了万无一失，他甚至还上了双保险——用棉絮把几串葡萄包了起来。

那些葡萄之中从来没有产生过发酵菌；不管你怎么把它们压碎、装瓶，然后按照酿酒的方式对待它们，它们都没法酿出酒来。来自外界的发酵菌从来没有钻进过葡萄的内部。

那些裹在棉絮里的葡萄必须像那几只母鸡一样被带回巴黎，带到学院展示。一串串葡萄都必须保证竖直不受挤压。特快列车为他们安排了一节特别的车厢，巴斯德夫人和巴斯德小姐不得不直挺挺地端坐了一整夜，轮流拿着这些葡萄。但你不必为夫人和小姐感到难过。她们喜欢这样。巴斯德是一个非常有意思的丈夫和父亲，他与家人分享所有令他感到兴致勃勃的事物，她们因而永远不会感到枯燥。

但现在我们必须去一趟博斯——到法国这片种植着优质小麦的平原上去看看。有些游客喜欢这里，也有些游客不喜欢。春天里，极目远眺，看不到小山丘，只有高高的天空，只有红褐色的大地，一道道绿油油的麦田，或和远方蓝色的天际融为一体。在远处天空的映衬下，可能会有一丛深色的树木，或者几乎可以肯定的是，会有一座教堂的尖顶从灰色的村庄中拔地而起；而相当有把握的是，景中还会有一匹白马和一匹棕马在拉犁，也许前面还有另一匹白色的马。

巴斯德的两名弟子——鲁和钱伯兰正在那里工作，因为此地的炭疽病情不容乐观。那里土壤肥沃、青草鲜美、牲畜饲养得很好，也因此十分值钱。但往往就是这样的牲畜被炭疽病带走了生命。爱马、爱牛，也许还有爱猪的人，一定会非常同情农民。

那时候，巴斯德常常到博斯的省会沙特尔去。他在法兰西酒店下榻，第二天一大早就开车出门，一边沿着巴黎路向前开，一边听鲁向他汇报工作进展。很快，他们左拐，到了圣日耳曼－加廷。这是一个小村庄，就在著名的沙特尔大教堂尖顶的视野范围之内。如今村里池塘的旁边是一个又大又漂亮的农场。农舍的墙上爬满了紫藤，农场的建筑很壮观，到处都能看到迷人的动物——先是马，还有牛，然后是高昂着头的公羊，健硕而温顺，最后，羊圈里还养着1200只大大小小的绵羊。巴斯德就是在羊圈里探访过这些动物们的先祖的。

如今，那里的门上放着一尊巴斯德的半身像，一位小个子的老妇人会从"半截门"的茅草屋里走出来，告诉你她曾经是如何为巴斯德做饭的。她已经91岁了，但仍然会为了拍照穿上她的婚纱。你可以倚在巴斯德曾经倚着的门框上，就像他当初那样，望着苹果树下的羊群。巴斯德会一直盯着羊群看，盯到忘了时间，直到他的朋友提醒他天色渐暗，很快沙特尔大教堂的尖顶就会消失在夜色之中了。

他为什么看得如此聚精会神？是不是预料到了炭疽病会在他的眼皮底下发生？在这个健康的羊群中暴发？他确实是这么想的，因为他把炭疽病菌撒在了羊的干草饲料里。羊的主人允许他用整群羊做实验，只要能找到一个方法，把农民们从苦痛之中解救出来。但羊群若无其事地嚼着干草，仿佛从来没有实验者对它们的食物做了手脚似的。可当巴斯德在它们的干草中加入一些蓟或锋利的稻草时，情况就大不相同了。

它们死了。

在绵羊口腔中，蓟或锋利的稻草划破的哪怕是小小一道伤口，都能让炭疽病菌进入血液，然后绵羊就一命呜呼了。所以，如果能在挑选干草时谨慎细致些，或许就能救羊一命。

有一天，在圣日耳曼，巴斯德注意到有一个地方的土壤颜色与其他地方迥然不同。他走过去看了看，发现那个地方有好些小土丘，翻土的蚯蚓在小土丘上留下了曲曲折折的痕迹。农夫告诉他——羊得了炭疽，死后就埋在那里。巴斯德想，蚯蚓会不会在翻土时把埋在地下的炭疽翻到地面上，而牛羊在吃草时又恰好把细菌一起吃进去了呢？他激动极了。于是，他收集了一些蚯蚓，并把它们带到实验室里研究，在它们的肠道里，巴斯德发现了炭疽病菌。这就解释了所谓的"女巫的田地""倒霉的土地"和"炭疽农场"。但一个比这些都更奇妙的发现正在不远处等待着巴斯德。

第十一章

慧眼识错

轮到鸡们倒霉了。这些可怜的家伙得了鸡瘟。鸡群欢快地咯咯叫着，但那群毛茸茸的小鸡仔里，有些变得步履蹒跚，只是一动不动地站着，好像在沉思些什么，没多久就打起盹来，接着倒地而亡。鸡窝中也发现了一些死鸡，用不了多久，100 只鸡里就会有 90 只要去阎王爷那里报到了。

巴斯德已经发现了引起鸡瘟的微生物，但它很难培养。一个名叫图森特的人送了一个公鸡头给巴斯德作为礼物。巴斯德常常能收到像这样有些奇怪的礼物，但他就喜欢这样的礼物。这只公鸡得鸡瘟死了，图森特试过在酵母水中培养这种微生物，因为许多微生物都很喜欢酵母水，但这种微生物干脆死了。

"用鸡汤，"巴斯德建议道，果然，鸡汤很对它的胃口。看，它多么享受啊！看着它生长、繁殖，也蔚为壮观。只需一小滴汤汁，就足以杀死一只母鸡。巴斯德猜测，微生物和人一样，也有自己的喜好——就像有的人喜欢羊肉，而有的人喜欢鸡肉一样。这一猜测看似无足轻重，其实十分重要，但我们无暇赘述。

巴斯德给豚鼠注射了鸡瘟病毒，但没发现任何不良反应。豚鼠们对此一无所知，自始至终都好端端的。但就在这时，出人意料的事发生了！与豚鼠待在一起的鸡和兔子鸡瘟发作，都死了。真想不到，鸡瘟居然可以从没得病的个体传染给其他个体！独独这一件稀罕事就够让大家讨论一阵的了，不是吗？但他们没有时间闲聊，因为更加神奇的事情发生了。

巴斯德的实验室里，每个人都在忙碌着：他们要收集微生物，将汤消毒，制成所谓的培养基。然后给母鸡注射病菌并观察它们发病的速度，再尝试各种可能有效的治疗方法治愈它们。

每个人都很谨慎，做起事情来井井有条、讲究科学，只使用最新鲜的培养物进行试验。

但是有一天，不知道是谁拿了一些放了很久、早已被遗忘了的培养物，并把这些培养物注射进了母鸡体内。不出所料，那几只母鸡发病了。但！怎么……会……这样！接下来还会发生什么呢？它们又全都康复了！他们完全没有想到这些母鸡还能康复。从来没有一只母鸡能历经鸡瘟而后生。

当时的说法是——这些培养物不新鲜了，变质了，因此失去使用价值了，丧失了效力。所以，再给母鸡注射些新鲜且威力十足的培养物吧！

实验员们又给母鸡注射了新鲜的培养物，但这一次，它们甚至都没发病，反而一直活蹦乱跳。没法强行让那些母鸡得鸡瘟的，对吧？

幸运之神再一次眷顾了。巴斯德的实验室里出现过纰漏，一个人们本来应该注意到的纰漏。但有些纰漏无关痛痒，因为它从人们眼皮底下溜走了。这一回，纰漏引起了巴斯德的注意。"怎么回事呢？"他问自己，"那份旧培养物里究竟有什么名堂呢？"他断定是空气中的氧气降低了它的杀伤力。难道培养物存在一天，它的杀伤力就会减弱一分吗？这是不是说明培养物的威力最终会消耗殆尽呢？

他们给一只又一只母鸡注射了旧培养物。鸡一只都没死。但这件事很蹊跷，蹊跷在注射过旧培养物的母鸡就不会再得鸡瘟了。当然，如今的你必定知道种痘可以预防天花，所以你肯定会说："这有什么意思，不就和接种疫苗一个道理吗？"然而并非如此，二者只是有相似之处。

在那个年代，人们虽然接种疫苗，但并不知道疫苗如何产生效果。也没有人想过该如何研发出抵抗天花以外其他疾病的疫苗。

我们无法对巴斯德发现这种新疫苗时内心的激动与喜悦感同身受。它是否会带领我们发现其他疫苗，从而保护人类和动物免受流行病和巨大的痛苦的侵扰？俄国瘟疫会不会屈服于疫苗的威力呢？1879年的那场俄国瘟疫，在几天内就带走了一个村庄25%的村民的生命。

仿佛是应运而生，炭疽疫苗问世了。很可惜！图森特以为自己发现了疫苗，但他只能用加热的方式降低微生物的活性。一些动物在接种疫苗后能够抵抗疾病，而另一部分动物还是发病死了。巴斯德想要研发的疫苗，是一种全都可以拯救的疫苗。

接下来发生的事情十分奇怪。巴斯德发现，如果他给一只 3 天大的豚鼠接种减毒炭疽培养菌株，这只奇怪的小动物就不会生病，但要是给一只新生的小豚鼠接种同样的培养菌株，它就会死亡。更为重要的是，如果巴斯德用那只死去的小豚鼠做下一个培养基，新培养出的菌株的毒性就会变得更强，强到足以杀死一只 3 天大的豚鼠，依此类推。他可以随意削弱或加强炭疽病菌的致病性。他也可以随心所欲地让动物仅仅产生轻微的病症或是患上重病。他确实成为一名法力强大的"巫师"。

随后，全世界都开始讨论这件事！他的对手说："必须让他向全世界证明；必须让他在所有人面前演示，这样他才有可能在全世界面前失败。"于是，他们决定为这项昂贵的实验筹集资金。巴斯德的朋友们也同样兴奋极了，因为他们希望巴斯德能在众人面前取得成功。

邻近巴黎的小镇默伦，为该实验提供了 60 只绵羊，实验将在普利堡的一家农场里进行。

巴斯德给 25 只羊接种了减毒菌株，两周后，他又给这 25 只羊接种了强毒菌株。另有 25 只未接种疫苗的羊作为对照组。60 只羊里还剩下 10 只。巴斯德提议要挑一个日子，再给这 50 只羊注射真正的强毒炭疽菌株，他预言，25 只未接种疫苗的羊都会死亡，而那 25 只接种了疫苗的羊会活下来。

定好接种的那一天，科学家们都来到了普利堡。巴斯德的宿敌科林奉劝兽医不要相信巴斯德。"这个人很狡猾，"他说，"他会把位于瓶子上部的培养物给注射过疫苗的羊注射，再把瓶子下部的培养物注射到未接种疫苗的羊的体内，谁不知道微生物都沉在底部呢。"

"我会亲自摇匀瓶子的。"兽医说。他也说到做到了。甚至，他给所有的羊接种的剂量比巴斯德规定的还要大。每只间隔时间接种过疫苗的羊，都用耳孔法标记；未接种过疫苗的羊，耳朵都不做标记。

在间隔接种的这段日子里，这些羊受到了极为周密的观察。它们每天都要测量体温。当巴斯德听说这只或那只接种过疫苗的羔羊体温升高了，他感到自己心跳一下子就加快了。有时候，他衷心希望自己不要那么十足肯定。哪怕只给自己留下一只羊的误差！哪怕他在说话时多说出"也许"二字！这个实验承载得实在太多。这会是一次失败，还是一次震惊世界的发现呢？在这伟大一日到来的前一晚，巴斯德一夜没合眼。他没敢打开留守在农场的助手发来的电报。巴斯德夫人不得不帮他一把，在打开信封之前，她心里也是十五个吊桶打水——七上八下。"昨天，"她给她的女儿写信，像是在谈论一个孩子一样，"他们发现一只接种过疫苗的绵羊体温大幅度上升。但今天早上它的体温恢复正常了。"

接着，传来了一封电报："这是一次惊人的成功！"

终于到了下午2点，这场盛大的表演准备开场了，巴斯德去了农场。一大群人欢呼着迎接他的到来。所有人都来了：部长、科学家、医生、兽医、报社记者，还有普通人。他们屏息凝视，默默计数，仔细检查耳孔法标记过的羊，并再一次核查数目。但数目没有一点儿问题：25只未接种疫苗的羊不是已经死亡了，就是奄奄一息；25只接种了疫苗的羊都很健康，那10只没有特别处理的羊也都很健康。

炭疽疫苗被发现了，疫苗接种背后的一般规律也得到了解释。到处都是一片欢腾的景象。农民从四面八方蜂拥而来，要求接种疫苗；成千上万支疫苗被送往各地。数以百万的动物，在经历了多年的磨难后，终于从痛苦和死亡中被解救了出来。

国家必须向"完成此举"的人致敬。法国向巴斯德表达了最崇高的敬意——授予他法国荣誉勋位勋章。但巴斯德拒绝被授勋，除非他的助手——鲁和钱伯兰也能被授予同样的红丝带荣誉。兴高采烈的全国人民满足了他的愿望。消息传来时，这三位朋友正在实验室里辛勤地工作。当场，就在一群兔子和豚鼠之中，他们像在校生一样张开双臂拥抱彼此，庆祝成功和来自祖国的认可。

不仅法国推崇巴斯德，他还被选中，代表祖国出席在伦敦举行的国际大会。正当他要以平时那种谦逊朴素的风度在大厅里就座时，一位管家邀请他上台，坐到最伟大的人中间。当他走近时，喝彩声、掌声、欢呼声响成一片。

"哦！"他有些苦恼地对儿子和女婿说："我应该早点来，一定是威尔士亲王就要驾到了。"

"但大家都在为你欢呼，"大会主席说，"不是为亲王。"

在主席的演讲中，唯一提到的科学家是巴斯德。听到巴斯德的名字时，观众们都在为他呐喊欢呼，巴斯德不得不起立，鞠躬致意。当他在后续的会议上发言时，全世界的观众都向他报以了最热烈的掌声。

后来，他在给妻子的信中写道："你知道我对成功毫不在意！我是为了我的国家……詹姆斯爵士把我引见给了威尔士亲王，我朝他鞠了一躬，说我很高兴能向法国的朋友致敬。"

他回答说："欢迎伟大的朋友。"

第十二章

满堂喝彩

　　在法国，有一个由伟人组成的法兰西学术院。法兰西学术院一届只有 40 名院士。如果其中一名院士去世，那么他的位置将由当时最伟大的人来填补。人们窃窃私语、公开提名，大家都迫切地想知道到底谁能成为继任者。以往，可能会有这样的习俗，可能当选的伟人会去拜访选举人。编纂《法语词典》的利特雷去世了，巴斯德被举荐为他的继任者。

　　"不该由他来拜访我，"作家亚历山大·小仲马说，"我会去拜访他，说服他屈尊加入我们。他是能让整个学术院熠熠生辉的人。"当然，巴斯德并不是这么想的，他最大的魅力之一，就是从不因成功而沾沾自喜。巴斯德总是孩子气地为所得到的感谢和赞赏而高兴。他觉得，任何给予他的荣誉都在证明：这个世界是乐于崇尚科学的。

巴斯德得准备一篇关于利特雷生平的致辞，幸运的是，他认为自己什么事情都驾驭得了——正如他所说的，"沸腾起来"，才能保持充沛的精力，迸发新颖的想法。要准备一篇重要的发言稿，本需要一个人投入全身心来费神思考，但在巴斯德这儿却不尽然，这事没有妨碍他的任何科学工作。

这里有一段节选，摘自巴斯德夫人的信件，信中描述了巴斯德的品质："你父亲正考虑接受邀请，前往开普敦研究布鲁氏菌病；他还想去塞内加尔，去收集一些引起恶性热病的健康活菌。但我试着给他泼冷水，因为我认为，光是眼下的狂犬病就已经够他折腾的了。"

狂犬病是动物传染给人类的最可怕疾病之一，但只知道这些对巴斯德来说还不够。据报道，一艘正驶入波尔多港的船上有黄热病病例，就发烧这一症状而言，黄热病是最糟糕的。巴斯德赶到那里，希望能发现致病的微生物。

"这难道不危险吗？"有人问。

"有什么关系呢？"他回答，"生活在危险之中才是真实的生活，才是伟大的生活，才是有牺牲精神的生活，才是能作为榜样的生活，才是一种能让别人的生活结出硕果的生活。"

当他到达波尔多时，他乘小船在港口里寻找那艘携带病例的船只。"我们逐渐接近了一艘大型运输船，"他写道，"并在海上与船员进行了交谈。他说他们现在情况良好，但在圣路易斯时，船上有 7 人丧生，其中包括 2 名乘客和 5 名船员。我们去第二艘大客轮也了解了情况，接着又去了第三艘。他们的情况都还不错。"有人觉得巴斯德有些失望，因为船上的人员都很健康。确实如此，康德号正在隔离中，因此巴斯德不能靠近它；因此，他的希望只能寄托在即将到达港口且携带病例的黎塞留号上了。"我将满怀希望地等待这艘船到港，"他写道，"请上帝宽恕我作为科学家的热情！"

黎塞留号抵达了港口，但船上的最后一名乘客病号也已经死了，实行了海葬。

于是巴斯德回到了巴黎，学术院的欢迎会正等待着他。这可是个大日子。和其他人一样，巴斯德把发言稿拿给朋友，请他在演讲之前给稿子提些意见。巴斯德坐在小仲马脚边的凳子上，用低沉却响亮的声音朗读他的稿子。人们不禁要问，当小仲马坐在宽敞的大扶手椅上，低头看着这位伟人还保持着一如学生时代的举止时，会有什么感觉呢？

这又是一次世界级的会议，不管是谁，都在会议开始前的几个星期就都已经吵着嚷着争先购票了。巴斯德穿了一件正式的礼服——一件绿色的刺绣长袍，胸前佩戴着法国荣誉勋位勋章的绶带。

因《耶稣传》一书在全世界闻名遐迩的勒南是当日的轮值主席，他要发表演说欢迎巴斯德的加入。这是一段诙谐幽默的欢迎辞，他用最可爱、抑扬顿挫的法语说："真理可真是'窈窕淑女，君子好逑'，但又'寤寐求之，求之不得'——当你认为自己追上她时，她已经逃之夭夭；但如果你懂得如何守株待兔，她就会乖乖自己送上门来。大自然最为公平。她喜欢工作的人，喜欢坚毅有力的双手，只有'为伊消得人憔悴'，才能识得她的'庐山真面目'。"

一周后，巴斯德又参加了一次盛会。奥伯纳是一个繁忙的小镇，坐落在多山的阿尔代什的一座丘陵上。乡民为了感谢巴斯德为大家做的一切，邀请他前来参加小镇的节日。届时，小镇将为一尊雕像揭幕，雕像的人物是德赛赫——一位从奥伯纳小镇走出去的名人。奥伯纳人生性开朗，待人友善。他们在狭窄上升的街道上享受着热闹的氛围。大家用旗帜装饰车站，用庆祝胜利的拱门装点街道，并不在意这样做会让本就不宽敞的街道显得更加拥挤，他们还请出所有的乐队上街表演，然后又用自己的欢呼呐喊声淹没了音乐！

巴斯德被授予勋章的那一刻，盛会的气氛到达了高潮。法国的勋章都制作精良：勋章的正面通常刻有被授勋人的肖像，反面则是一些迷人的图案。这一次，在巴斯德的勋章反面，一群小精灵围绕着一个杯子，杯子里装的是蚕茧，勋章的中心位置上有一个小巧精致的显微镜。

"您，"奥伯纳的织工主席说，"是我们的魔术师，是您用魔法赶走了毁灭我们的恶龙。"

"您尊敬的其实是科学，"巴斯德说，"在为德赛赫立雕像的过程中，您不仅给全法国树立了一个榜样，您还给全世界树立了一个榜样，即人们应该崇拜伟大的人和伟大的事迹。"之后，他从老朋友毕奥那里借用了一句人生格言：守正不桡（拉丁语，*Per vias rectas*），意思是——总要通过正道达到目的，绝不能走歪门邪道。"人总会死去，不管你持哪种意见，"他说，"但真理永存。"

如果你碰巧读过一点法国历史，你就应该听说过法国南方永远不会买北方的账：他们想要自己说了算。虽然巴斯德已经很疲惫了，但他还是坚持去南方，为那边的民众重新演示他的实验，这样他们才能眼见为实。他先去了尼姆，然后去了蒙彼利埃。巴斯德感觉自己要病倒了，但当他看见还有一大群听众不是仅仅来看热闹，而是热切地期待着，希望能够听到科学知识和真理时，他就忘记了周身的疲惫，有问必答。

"您再帮我们想想办法，救救我们的牲畜吧！"他们对巴斯德说。于是他对他们讲："几天的时间实在是太短了；但有生之年，我都愿意为你们效劳。"

紧接着，位于康塔尔山区的欧里亚克邀请巴斯德参加一个农业展览；他们之所以这么做，是因为巴斯德救了成千上万只健壮的、长着温柔眸子的牛。

时值 6 月，地势高峻的奥弗涅——被称为"法国的屋顶"——给面前的景色增添了几分凉意和美感。巴斯德和家人一起——大部分情况下，他都和家人一起在牲口、犁铧和工具中间进进出出，问东问西，明察秋毫，学习农民们所传授的一切。突然，一个农民拦住了他，一边在空中挥舞着他的宽边帽，一边喊道："巴斯德万岁！是你救了我的牲口。"当两人在斜斜的街市中热情地握手时，巴斯德一定觉得再也没有比这更激动人心的感谢了。

欧里亚克的医生们也借此机会，为"巴斯德的荣耀、未来医学的先驱、全人类的恩人"举杯欢庆。

荣誉向他涌来，随之而来的还有许多演讲。巴斯德最开心的是老前辈安德烈·杜马向他颁发科学院奖章时做的那次演讲。巴斯德这样总结自己之所爱：爱工作、爱家庭、爱老师、爱国家。

他受邀前往日内瓦，参加一次国际会议。巴斯德以一丝不苟的态度开始在阿尔布瓦准备论文。一整天，他都在房顶的大书房里工作。他爱那里的景色，视线穿过桥和瀑布，把汝拉的远山也纳入眼帘；但他没时间欣赏美景。5 点前，巴斯德不允许任何人打扰他的工作，但为了他的健康，5 点一到，他们就会把他从书桌前拽走，一起沿着贝桑松路散步。巴斯德的论文将代表法国向大会投稿，因此绝对不能有任何瑕疵。

大家对巴斯德的兴趣越发浓郁，很多人都在争相谈论着关于他的趣闻，兴许你也对一段趣事有所耳闻吧！那就是发生在两位伟人——巴斯德和著名德国医学家、细菌学家科赫之间的一个小小误会。这个误会也说明，在发脾气前，理解是多么重要。

巴斯德曾在某个场合提及了科赫的一套作品。在法语中，"一套"的单词是"recueil"。但科赫认为巴斯德说了"orgueil"——意思是"骄傲"。后来，当巴斯德请科赫就论文的主题发表意见时，这位德国医生拒绝发表任何意见，这使巴斯德感到十分遗憾，因为他完全没有意识到自己得罪了科赫。在两位科学家的有生之年中，这个误会始终没有解开。

当然，这只是满场的喝彩声中的一个小插曲。

现在，又轮到猪来寻求巴斯德的帮助了。如果你到罗纳郡的博莱纳去，你会发现那儿有一尊巴斯德的塑像，塑像旁有一头雕刻精美的猪，它会用欢快、胜利的表情看着你，还嬉皮笑脸地翘起一只耳朵。这尊雕塑清清楚楚地告诉了你：巴斯德去看望他的猪朋友时，它们都生病了——得了猪瘟，度日艰难，但不管情况有多糟糕，最终，是巴斯德帮它们恢复了健康。

巴斯德到达博莱纳时，猪瘟疫情非常严重。他站在那里，看着猪圈里的各种悲惨情状，既同情那些猪，也情不自禁地同情起即将因此而穷困潦倒的农民了。

巴斯德的学生特威利尔发现了一种微生物，它呈 8 字形，几乎无法用肉眼看见。特威利尔将其放在小牛肉汤里培养，然后给猪接种，证明猪瘟的罪魁祸首确实是它。

然后，巴斯德开始着手制定并测试治疗方法。猪都适应得很好，状态也好了不少。但巴斯德还不太满意，他希望能在巴黎继续进行试验。所以，他买了10只小猪，特威利尔不得不一路陪着它们前往巴黎。巴斯德把它们裹在稻草里，因为他说——猪，无论老幼，都很怕冷。"这些猪都还是可爱的猪崽子，"他写道，"人们会情不自禁地喜欢上它们。"

第二年，也就是1883年，轮到多尔欢迎巴斯德的到来了，大家都知道来的是谁。雨下个不停，但却无法拦住人们的脚步。雨伞下，到处都是欢声笑语。第一个仪式，是到教堂前的广场为和平雕像揭幕……"看哪！和平才能激发出天才的智慧和伟大的作品！"演讲者在幕布落下时如是说。

随后，一队人冒雨走到巴斯德的出生地，往墙上钉了一块纪念碑。从记事起，巴斯德就没再见过那座小房子。这是一间小得不能再小的匠人之家。巴斯德想到父亲生前的辛劳，想到他从这个世界上得到的东西何等有限，他——一个几乎目不识丁的工匠，一个把儿子教育得这么好的工匠，一个曾想在晚年时让儿子教他读书认字的工匠——想起他，巴斯德哽咽了。千言万语从何说起？他知道自己亏欠父亲的太多了。他的演讲简洁动人。如果有机会，你得读一读这篇用优美的法语写就的演讲稿。

"有两样东西，"他说，"一直是我生活的激情和魅力所在——热爱科学和热爱家乡。哦！我的父亲母亲，我亲爱的、长眠的父母，曾如此谦卑地生活在这栋小房子里，我的一切成就都要归功于你们！母亲，你的热情成了我的热情，我始终感到科学的伟大和祖国的伟大之间有着密不可分的联系。那是因为我所有最为深沉的情感都是受到了你的启发。还有我亲爱的父亲，你的人生和你的工作一样艰苦，但你已经为我做出了榜样——在永无止境的工作中，天长日久的坚忍，才能事有所成。"

第十三章

疯狗及其他

人们还在为巴斯德喝彩。爱丁堡大学正在庆祝它的300岁华诞。世界各地的伟人受邀齐聚苏格兰，他们和苏格兰人一起，庆祝苏格兰悠久的教育历程。法国科学院派巴斯德和德勒塞普作为代表前往苏格兰。德勒塞普的工作已经完成——他开凿了苏伊士运河，把地中海从一个"湖泊"变成了一条走廊，由此产生了许多故事，大多令人心碎。而巴斯德的工作还没完成，不过他的故事都充满了欢乐。

　　在伦敦火车站，有一份小惊喜正在等着他，因为没人想得到，火车上竟然有一间为巴斯德和他的朋友们特别准备的私人酒吧。怎么会呢？这又是为什么呢？并不是因为他们很有钱，或是因为他们预定了这项服务。绝非如此！酿酒师杨格非常感激巴斯德在没有取一分钱报酬的情况下为酿酒业做的那么多好事，就想到了用这种优雅的方式来表示感谢。法国人一向以情感细腻著称，喜欢被厚待，巴斯德也不例外，他很高兴能受到如此礼遇。

　　美丽的爱丁堡洋溢着喜庆的氛围。到处都挂着旗帜和装饰物，庄严与热闹的气氛交织在一起。在圣吉尔斯大教堂里，有一场布道会即将举行，在那之后还有一场戏剧演出。接着，5000 名参会者聚集在锡诺厅，见证为 139 位卓越来宾授予学位的庄严仪式。当念到巴斯德名字的时候，所有人都屏息以待。他们都想看看巴斯德的真容！所以当他出现时，5000 人齐刷刷地站了起来，欢呼起来。他们在欢呼什么？是这个人发现了一个隐藏在我们世界之中的崭新世界——一个有无数小东西在搞破坏的世界；仅仅根据这个发现，他就已经使这个世界避免了多少无妄之灾。

同日晚，一场盛宴即将开始。那是多么辉煌的景象啊！大学礼堂里装饰着白色和蓝色的飘带；长桌上摆满了顶好的桌布和玻璃杯；上千位客人在热切地交谈，人们在大快朵颐的同时期待着接下来的安排，因为按照议程，马上就会举行一场持续 4 小时的祝酒会。

人们真的很想看看巴斯德同他邻座的德国人斐尔科交谈时的表情，因为巴斯德给他讲了一个出人意料的故事、一个未完待续的故事、一个关于疯狗的故事。

"如果你在 3 年前告诉我这些事，"斐尔科说，"我肯定不会相信这事竟是真事！"然而，3 个月后发生的事比那一晚巴斯德所讲述得更加离奇。等讲完庆典后，我们再讲这个故事。

在当晚的演讲中，巴斯德对苏格兰赞不绝口："她是最早领悟到拥有智慧就能引领世界的国家之一。"至于法国，他是这么说的："科学与文学是真正的法国精神，也是法国荣耀的精髓。"

第二天，应大学生们的恳请，巴斯德也为他们做了一次演讲。巴斯德很喜欢年轻人，他对他们说的第一句话总是："锲而不舍地工作。"因为工作是一种乐趣，而工作本身也对人大有裨益。但他希望年轻人们能把两件事融进辛勤的工作中，即对伟大人物的景仰和对科学方法的尊重。

之后，他离开爱丁堡时，带走了两件代表苏格兰人对他的喜爱之情的礼物：一件是杨格先生送给爱丁堡大学的一份礼物，为的是纪念他的来访；另一件是著名探险家利文斯通的女儿送给他的一本书——《利文斯通传》。

巴斯德回到家继续进行对疯狗的研究！如果你能明白这个故事到底多么有趣，你的岁数应该很大了。因为这样你才有可能见识过，在那些炎热的日子里戴着口套的狗狗们，它们伸着干巴巴的舌头四处游荡，期望着能喝到一口水。你可能也会记得，任何一只狗向你跑来时，你都会感到恐惧，因为那条狗很可能已经"疯"了。

在世界各地，甚至在英国，都出现了疯狗，一旦被它们咬伤，就几乎意味着死亡，连带着非常、非常可怕的痛苦。

巴斯德的脑海中也有一个始终难以忘记的场景。那时，他只有9岁。一匹狼发了疯，在村子里四处乱跑，见人就咬，狼跑到哪儿，汝拉山的恐怖气氛就传到哪儿。8个人因此而死，巴斯德亲眼看见村里的铁匠为了救一个人的命，把烧热的铁块摁在了他的伤口上。

疯狗在很早以前就出现了。连荷马也曾提及过它们。但人们一直没能找到治愈咬伤的方法。民间流传着很多治疗偏方：诸如留下咬过你的狗的一根毛；把虾的眼睛全吃掉；吃掉放在牡蛎壳里充分搅拌过的煎蛋卷；或是去做一次海水浴，或者，最好的方法是：去圣休伯特神殿朝拜一番。圣休伯特原是阿登森林中的一名猎人，他生活的时代距今已有 1000 多年。当被咬伤的人前来朝拜时，牧师会用小刀在朝拜者的额头上划一个小口子，然后把圣休伯特千年圣带最细的线塞进伤口里。最后，他把新的伤口包扎好，并告诉病人 9 天内都不能碰绷带。

当所有巫术都无法治愈咬伤时，外科医生们就会截断被咬者的肢体，或将病人放血，又或者，朋友会把病人闷死在床上，从而将他从狂犬病带来的死亡和可怕的痛苦中解脱出来。

一直到巴斯德生活的时代，除了灼烧伤口，人们不知道还有什么方法能治疗这种最为可怖的疾病，而且灼烧的深度也很少能达到救治的目的。除了知道这种疾病十分恐怖，人们对它一无所知；甚至不知道疯狗也会喝水，而被它咬过的人再怎么渴都不愿意去碰水。狗得这种病被称为"狂犬病"，人得这种病则被称为"恐水症"。

在巴斯德和斐尔科谈论狂犬病的 4 年前，他曾收到过两只狂犬，这是他收到过的最奇怪的礼物。一只狗的眼睛充血，痛苦不堪，它会一边用古怪而绝望的声音嚎叫着，一边朝身边触手可及的东西猛扑过去。另一只狗则很沉默，神情悲伤，嘴巴瘫软。4年来，巴斯德的身边不断地出现狂犬。巴斯德想用一只疯牛头犬的唾液做实验。他的助手们一齐出手压住狗，而巴斯德则用夹在嘴唇之间的玻璃管把那致命的唾液从狗嘴里吸了出来。

任何冒险故事中都找不到比这更勇敢的举动了；后来还有一天，巴斯德做的另一件事甚至还需要更大的勇气。

巴斯德等人正在进行各种各样的实验，但似乎没有一个实验能提供给巴斯德准确的信息。例如，一个孩子得狂犬病死了，他们把孩子的唾液注射到了一只兔子体内，兔子在 48 小时内就死了；可是，如果这只兔子患有狂犬病，它在病症发作前还能再活 1 个月。它到底死于什么病呢？巴斯德暗暗思索。为什么被咬的狗和被咬的人不会总是发病？他开始认为：也许是因为狂犬病毒并不总能在动物体内找到适合它存活的部位。这个部位会是在哪里呢？他的答案是：在脑子里，因为狗发疯了。

所以，长话短说，巴斯德要把疯狗的大脑注射到正常的狗的大脑中去。在巴斯德之前，从没有人想过要这么做。巴斯德并不乐意如此。他不忍心伤害那条狗，并且觉得它一定会很受伤。没有人会仅仅为了发现什么奥秘而去伤害一条狗；但是，为了让成千上万条狗免于可怕的痛苦而伤害几条狗，肯定也不为过，对吧？

凡是听过疯狗的可怕嚎叫的人都会认为让几条狗经受科学家的实验，好过让所有的狗永远遭受狂犬病的折磨。但巴斯德的心肠很软，他仍然在为那只不得不在头上开个洞的狗感到忧心忡忡。

"百闻不如一见。"他的助手鲁医生是这么认为的。于是，他带着狗去找巴斯德。狗在房间里跑来跑去，四处嗅嗅，又朝着巴斯德摇尾巴，像是在说："到现在为止，我还很自在，谢谢你。"巴斯德拍了拍它，很高兴能看见它如此快乐。

那个实验让巴斯德确信，狂犬病毒存在于大脑之中；但即使使用最先进的显微镜，他也没能发现这种微生物。如果看不见它，他要怎么像培养那些他见过的微生物那样来培养它呢？这意思你懂的，对吧？假设你看不见一株植物，那么你要怎么知道它是不是昨天就发了芽呢？

自然，许多人会说："看不见的东西，就是不存在的东西；压根就没有狂犬病毒。"

巴斯德想出了一个办法！假设他能把这种微生物放在活体而非汤汁里培养，虽然无法看见它的生长，却可以通过活体动物的行为来知道它是否生长。所以，他在一只活兔子的大脑里植入了这种微生物。很长一段时间后，兔子发疯而死。然后，巴斯德取了那只兔子的部分脑髓，再植入第二只兔子的大脑里。第二只兔子死得更快了。喂！那东西长大了吗？无论如何，它的毒性变得更强了。巴斯德取了第二只兔子的一些脑髓，把它植入第三只兔子的大脑里；毒性变得更加凶猛了。他一直重复这个过程，直到它发展到可以让一只兔子在7天内得病，而非最初的28天。过了7天，发病的天数就不再改变了。他能让一只兔子按照自己的想法在任意一天患上狂犬病。他会像魔法师那样说："兔子A，需要20天才会发病，而兔子B，只需要9天。"

巴斯德已经知道使疾病变得更严重的方法了。那么，有没有什么方法可以让它变得不那么严重，变得缓和，最后彻底消失呢？一定要试试。他发现，如果他用猴子代替兔子，病情就不会那么严重。

他把一小块受感染的脑髓挂在一个非常干燥的小瓶子里。它的水分一天天减少，毒性一天天减弱，直到第14天，它的毒性才完全消失了。

巴斯德随后给一只狗注射了这份放置了 14 天的脑髓。第二天，他给狗注射了放置 13 天的脑髓，依此类推，至少，那条狗坚持住了，那剂只放了 1 天的脑髓最终也注射进了它的脑子里，它本该在 7 天内发疯的。但是看哪！它好得很！好了！这下，就算世界上所有的疯狗都把它摁在土里咬，它也永远不会发疯了。

巴斯德做了几十个实验，让疯狗咬了接种的狗和未接种的狗，结果，接种过的狗都活下来了，而未接种过的狗都死了。

从此以后，爱狗的你就该耐心点儿，带它去注射疫苗，这样它就永远都不会发疯了。

但是全法国有多少条狗呢？有几百万条狗呢？需要派多少人去注射疫苗呢？疫苗的药效能持续多长时间呢？是每年都要打一次吗？小狗还在源源不断地出生，这又该怎么办？问题还没有解决。

也难怪巴斯德这么深思熟虑。可怜的巴斯德夫人写信跟她的女儿说，她的父亲总是沉浸在自己的思想中，寡言、少眠，总是天一亮就起床，"总之，我还会继续和他在一起，35 年前我就是这样决定的，直到如今，依旧如此。"但她也迫切希望能找到治愈狂犬病的方法。

巴斯德需要一个很大的狗舍。你可以想象，他确实有这个需要，得是个十分安全的狗舍，而且还得离人群足够远。因为尽管他想把它用于接种过疫苗的狗，这些狗永远不会发疯，但爱说长道短的人肯定会说，他们日夜都能听到疯狗的嚎叫。

巴黎周边都是乡村，有着广袤的森林，所以无论狗舍多大，都能轻轻松松隐藏在森林中；但普通人并不像巴斯德那样关切，只要自己住地附近没有疯狗舍，他们才会对此很感兴趣，也会很高兴听到找到治愈方法的消息。但巴斯德刚找到地方放置犬舍，闲言碎语随即而至，吓坏了那块土地的主人。

最后，他找到了一座精致可人的宫殿，甚至同时还找到了一个公园，没有比那儿更漂亮的地方了。拿破仑三世与奥日妮皇后的新婚之夜就是在那里度过的。皇后很喜欢这个宫殿，所以还特地从苗圃中选了各种各样漂亮的树种在那儿。一条小溪流经宫殿，最后汇入了塞纳河里，那里有草地、树林和唱着歌的小鸟。宫殿年久失修，就快要倒塌了，政府想重修宫殿后再让巴斯德住进去，但他拒绝了。他喜欢住在马厩上方安静简朴的房间，而他的狗就住在他的楼下。

现在，你可以去那里参观了。这个地方变了许多，因为它曾是伟大的巴斯德的研究所之一，但你仍然可以看到他的房间，依旧和他住在那里的时候一样。地板是粗糙的木板，家具都很简单朴素，但是从窗户望出去，就能看见迷人的公园、小溪和森林。当巴斯德空闲的时候，他的孙子孙女们经常来看他，因为那时他已经是"路易斯爷爷"了。他在门框上给妻子量了身高，用来作为标准，每年还要给孙子路易斯·巴斯德·瓦勒里·拉多和孙女卡米尔量身高，看看他们有没有长高。时至今日，他给他们做的标记和日期都还清晰可见。

但故事不能讲得太快。狗狗们陆续到达，都是从流浪狗之家找来的流浪狗。每条狗都有自己的房间和编码。所有狗都已经接种了疫苗，因此不会发疯，或者对病毒无感，术语就是这样说的。早晨时，他放 50 只狗出来，让它们在围栏里嬉戏打闹。其他时间里，它们只能待在自己的房间——其中有两只幸免，一只担负着捉老鼠的任务，另一只则是看门狗，它们都很勇敢，都在以奇特的小方式帮助世界成为一个更加幸福的地方，冲破恐怖的笼罩。某种程度上说，那时的人甚至不如这里——维伦纽夫·勒伊丹——的狗过得美好、安全。

巴斯德的狗又让巴斯德有了一些新发现，并不是所有的狗都需要接种疫苗。可以等到狗被咬后再给它接种，这样一来，疫苗势必能阻止狂犬病的进一步发展。人们开始好奇，巴斯德的疫苗是否有可能用在人类身上。英国发来请求，希望巴斯德能寄一些疫苗过去试用。但巴斯德的回电是——"不可能"。人类与狗、猴子不同，他认为当下能用在动物身上的东西还不能在人类身上安全使用。

尽管如此，巴斯德还是希望能在人体上试验疫苗，却不敢尝试。他曾向巴西的皇帝询问能否允许死刑犯选择"被处死或注射狂犬病疫苗"，但法律不允许如此。后来，巴斯德想在自己身上尝试，也被劝阻了。巴斯德到何时才能知道怎么把人类从狂犬病中拯救出来呢？

第十四章

约瑟夫和朱皮耶

　　随后发生了一件大事！这是一件人类等待了好几个世纪的大事。

　　在遥远的阿尔萨斯——法国阿尔萨斯，这个一度沦为异域他乡的地方，9岁的约瑟夫·迈斯特正准备去上学。他今天溜出父亲的农场时稍晚了些，所以得一路小跑着赶时间。那是一个7月的早晨，这个快要迟到的小男孩，跑过田间小路准备到迈森格特村去，他的学校就在那里！金发随风飘扬，天蓝色的眼睛笑盈盈地看着周围的世界，他憧憬今天会是美好的一天。突然间，杂货商人冯纳的大狗，不知从哪里跑了出来，穿过田野，把他撞翻在地，然后在约瑟夫全身上下除了脸以外的地方一通乱咬，他的脸之所以没事，是因为他一直用小手捂住脸，但这也导致双手成了受伤最重的地方。时间仿佛过了一个世纪，但救援最终总算是来了。有人拿了一根铁棍打狗，有人抱起约瑟夫要把他送回家，当狗跑向它的主人，试图要咬他时，主人一枪打死了它。狗疯了吗？一定是！毫无疑问，那只狗疯了，因为兽医在它的胃里发现了木头和稻草。所有关于疯狗的传说在迈森格特都梦魇成真了。霉运轮到了他们头上。约瑟夫的父母、约瑟夫还有邻居冯纳一起去维莱镇上找韦伯医生——可以想象得到他们有多害怕。约瑟夫受了14处伤，几乎已经走不动了，但大人们却一直催促他，因为他们实在是太害怕了。

韦伯医生用浓度很高的苯酚为小约瑟夫清洗了伤口。"但是，"他说，"在巴黎有一个人，如果有谁能帮到您，那就是他了。你务必要去找他。"即使路途遥远，尽管他们只是怯懦的农民，但也不能说不。

所以，你看，他最终还是来了，那个巴斯德和全世界一直都在等待的人，那个完成的实验的人选，即使用巴斯德的话说，这是"不可能的"。但是，唉！巴斯德为小男孩和他自己感到难过。他曾设想过要在某个魁梧的囚犯身上或者一个垂垂老矣的智者身上做这个实验，但从来没有想过，从没想过要在一个小男孩身上进行这项实验。

巴斯德看了看小约瑟夫，看完又看。他们说，如果巴斯德是名医生，他知道的东西就太多了，所以不敢尝试这个实验。但是巴斯德有一种无畏的精神，虽然一大把年纪，见多识广，但还像勇敢的年轻人一样喜欢冒险。巴斯德犀利的眼神似乎要把约瑟夫·迈斯特看穿了。他本想看看约瑟夫会不会得恐水症，狗咬伤已经两天了，但并非谁都会发病。人们的初衷虽然是要救这个男孩，但万一注射疫苗反而让他生病了呢？如果疫苗用在男孩和狗身上产生的效果相反，那该怎么办呢？

　　巴斯德不得不去问问其他人的意见。他需要时间，但时间会不会阻碍他成功呢？不管怎样，在没有得到其他人的建议之前，他什么也不敢做。他为约瑟夫和母亲安排了一间舒适的房间，然后，他去见了维尔皮安先生和格朗谢医生。维尔皮安问了巴斯德一个问题："除了你的方法以外，还有别的办法可以救那个男孩免受恐水症的折磨吗？"

　　"没有了！"巴斯德说。

　　"那么，"维尔皮安说，"接种疫苗不仅是正确的，而且是你义不容辞的责任。"

　　那天晚上，小约瑟夫是哭着被带到实验室的。他以为这些大人会给他第 15 个伤口，所以一点儿也不愿意到实验室去。但当发现他们不过是让他的右臂刺痛了一下而已时，他便破涕为笑了，然后开心地回去和他的住处附近的白老鼠、豚鼠、兔子玩了起来。

"不是每一只都有用吧？"约瑟夫对巴斯德说，"最小的几只可以不用来做实验吗？我想放生最小的那几只。"于是巴斯德便把它们送给了他。

约瑟夫每天都兴高采烈地去实验室接种疫苗。他并不关心接种的是什么，想给他扎多少针就扎多少针。但为什么"亲爱的巴斯德先生"的脸色一天比一天严肃呢？约瑟夫怎么也想不明白！他不知道的是，每一天，针筒里的东西都在变得更危险，最后一针，能在7天内引起恐水症，除非之前打的几针足以完全抵消它的威力。

随着那个重要日子的临近，巴斯德焦急得几乎发狂。一方面他知道自己能成功，但另一方面，却又不敢确信。他爱小约瑟夫，他真心觉得"如果是别人而不是这个小男孩就好了"。他睡不着觉，也无法工作。入睡便会被噩梦惊醒，因为在梦里他失败了——约瑟夫发病了。

7月16日，他给约瑟夫接种了药效最为猛烈的一剂疫苗。他知道这是自己做过的最勇敢的事。约瑟夫愉快地玩了一天，之后吻了吻他"亲爱的巴斯德先生"，和他道晚安，然后沉沉地睡去了。但巴斯德根本睡不着。

接种结束，现在只需要观察约瑟夫的情况，看看会发生什么就可以了，但对巴斯德而言，这更加难熬了。巴斯德去了景致宜人的马罗度假。你要是去那儿，就会看到一个湖，鱼肥水美、鸥鸟翔集，树木繁茂的小山林立，一座宝石般的教堂镶嵌其中，还有一个疏疏落落散布着灰色石头房的村庄。但是如果你的心情与美景不匹配的话，一切便都索然无味了。你会见到一个石凳，上面的字会告诉你：巴斯德曾在马罗度过了3个假期，这是一件值得骄傲的事。

过了石凳，树林里就是巴斯德和女儿曾住过的城堡。想象一下，巴斯德坐在那个安静的、用木头围栏围起来的花园里，焦急地等待着从巴黎发来的电报——电报会告诉他约瑟夫的最新情况。巴斯德从来没有这样地等待过！很多事情都取决于这封电报，但恐水症的进展却是这般漫长。

等巴斯德到阿尔布瓦时，终于等到了巴黎传来的消息，说一切都结束了，约瑟夫完全无碍了。

这件伟大的事件已经发生了！这难道不是有史以来最伟大的事吗？一个人得救了，但不仅仅是让约瑟夫·迈斯特的病得以治愈，这件事更说明一扇通向科学的大门已然打开，可以为可怜的人们找到摆脱各种疾病的方法。

巴斯德在阿尔布瓦的假期过得很愉快，但同时他也十分忙碌。乡下人坚持认为他是个"酒医"；从早到晚，不停地有人拿着神秘的包裹来敲巴斯德的门。这人的酒变苦了，那人的酒发霉了，另一个的醋变黏了。巴斯德都全盘接收，8天后，这些乡下人全都知道了该如何"治"好他们的酒。

有一天，巴斯德驾着车，翻山越岭地来到了一个名叫莫奈的村庄，那是个相当偏远的村庄。令莫奈村引以为豪的是，那里出过一位艺术家——一位伟大的雕塑家，紫罗兰丛中有一尊他的半身像。莫奈村并不一直以这位艺术家为荣，他小时候是个坏孩子，任由牛和猪到处乱跑，而自己则用细绳系好鞋底和裤子，跑到沟渠里搜寻泥块来捏小人。不，莫奈人在莫奈有生之年从未对他表示过友善，村民们一开始把他捏的小人称为"白痴"，艺术家最终在孤独中死去。但巴斯德一直都对莫奈很好，常常和这位生病的雕塑家坐在一起，和他做朋友，也很高兴能加入这个村子，几年后，村子里的人终于理解了这位雕塑家，并以他为荣。

一时半会儿，巴斯德尚且无法对恐水症得出定论。他刚刚出手救了一个蓝眼睛的小男孩，现在，要救的却是一名英雄。

当汝拉山上的树都变成金色时，6个小牧民正在维莱尔法尔莱县和穆沙尔之间的山谷里放牛。一条狗沿着山谷里唯一的路朝他们走了过来，那条狗的嘴还直吐白沫。

"疯狗！疯狗！"小牧民们被吓哭了，他们跑开，但是疯狗还一直跟在他们后面。

有一个人没有跑。朱皮耶觉得自己的年龄和身高使自己责任在肩。他14岁了，是他们当中最大的。朱皮耶堵在狗和逃跑的同伴中间，用长鞭拦住了那条狗。狗朝他扑来，一下子咬住了他的左手。朱皮耶把它扑倒，又用膝盖把狗抵在地上，他叫弟弟把打斗中丢出去的鞭子递过来，用鞭子把那畜生的嘴捆了起来，使其没法再咬人。然后把它带到小溪边，把狗头浸到水里直到把它淹死。

这件事引发了镇上的一阵骚动。市长先生恰巧认识巴斯德，他给当时正在巴黎的巴斯德写了一封信，信中讲述了这个小英雄的故事，但也浪费了宝贵的时间。巴斯德回信道，应该立刻把那孩子送到他这里来，还捎信给那个男孩，告诉他不用害怕治疗，只是会感到有一点点刺痛而已。那封信寄来时，朱皮耶的父母和朋友都喜出望外。他们明白，只需要 3 个月的时间，这个世界上就会有一种可以拯救他们的好儿子的东西。我敢肯定他们会经常暗自庆幸："幸好这件事不是发生在去年！"

在巴黎，朱皮耶的事迹令人们十分激动。你看，他是一个有着真实冒险故事的英雄。巴斯德向科学院讲述了他的事迹，科学院投票通过，愿意将朱皮耶推荐给法兰西学术院，推荐他获得蒙蒂雍勇敢奖。

朱皮耶的勇敢事迹也唤醒了艺术家们心中对美的热爱。一位艺术家画了一幅汝拉的风景画送给巴斯德。它现在还挂在巴斯德的房子里。其他艺术家则为朱皮耶和那只狗塑了雕像。虽然疾病夺走了狗忠诚而友好的心，但雕像上的朱皮耶抱着狗，用幸福而感激的目光仰望着巴斯德。朱皮耶似乎代表着人类——英勇的人类，即使被疯狂的世界所伤，却最终还是征服了这个世界，并用幸福的眼神注视着他的救世主——科学。

第十五章

举世无双

现在，人群蜂拥而来，被咬伤的人们成群结队地来了。在短短 6 个月的时间里，就有 1726 人被咬伤。他们来自四面八方，有的来自法国和英国，有的来自美国和俄国，还有一些人来自世界的其他国家。

巴斯德需要很多助手。瓦塞楚格通晓 6 种语言，并且正在学习第 7 种语言——俄语，他帮助语言不通的外国人与巴斯德沟通，并负责阅读所有各种文字的来信。

在宽敞的新实验室里，鲁和钱伯兰分开进行研究，他们在为未来工作，尝试用巴斯德的方法来战胜其他疾病。

维亚拉曾是阿拉斯大山深处一个无知的小男孩，巴斯德把他带到了巴黎，他是做疫苗的实际准备工作的人。你可能会想听听他是如何工作的。他几乎一直住在巴斯德研究所中的一个特殊的房间里。那个房间始终保持着一定的温度，桌子上摆放着神秘的小烧瓶，有一些随时可以使用，有一些正在准备中。如今，你可以在巴斯德研究所里亲眼见到它们。每个瓶子都是由玻璃制成的，瓶口处塞着棉花，每个瓶塞上都用线挂着一块骨髓，而瓶中则放着一块烧碱，用来干燥毒剂。维亚拉总是在巴斯德的注视下，拿一把消过毒的剪刀把骨髓剪成小块；然后把每一小块骨髓分别放进一个小玻璃瓶内，再根据骨髓干燥的时间把玻璃瓶排列好。用于第一次注射的是玻璃瓶中挂着干燥了 14 天的骨髓；最后一次注射使用的骨髓，则是仅仅干燥了 1 天的。然后，他在每个玻璃瓶中都滴入一小滴牛肉汤，再用消过毒的玻璃棒，将骨髓和汤混合在一起。混合液可以用于接种了。你可以看到，他是多么小心翼翼地把所有的玻璃瓶都摆放在正确的位置上。

这是一所洋溢着幸福的医院，病人的情况都很好。来这里接种，简直就如同在参观动物园一样，病人们常常在栗树下散步，然后到白老鼠、豚鼠、兔子、母鸡那里去看看，在得到特别许可的情况下，还可以去猴子那里参观一下。

每天 11 点时，巴斯德会把他们都叫进房间里来。同他们交谈，聆听他们的故事。他关心病人们所有的需求，例如，他们在陌生城市何处安身，是否有足够的钱负担支出，等待接种时能否过得舒服……

他得给病人们一一编号并登记，编号很重要，因为这关系着实验的对比参照。例如，一位作家发现，在巴斯德发现治疗方法前，每 100 人中就有 50 人因受咬伤而死；但在来找巴斯德寻求帮助的 500 人中，只有 1 人死亡。

在他所有的病人中，巴斯德最喜欢的就是孩子们。他把糖果以及崭新光亮的半便士硬币都放在抽屉里。有一个小姑娘非常聪明，用那些闪亮的硬币串了一条项链，不用猜也知道，现在那条项链已经摆在玻璃橱窗里了。因为不管是谁家收藏了这件纪念品，讲述关于"奶奶"是如何认识巴斯德的故事时，一定充满了自豪。

但随后又发生了一件不幸的事。人们在讲述巴斯德的生平时，无法避开此事不谈。因为，如果说他在治疗约瑟夫·迈斯特时，使用可能有危险的新疗法是大胆之举，那么，他对路易丝·佩尔蒂埃使用这种疗法，可谓是最最勇敢的了。

路易丝在10月3日被咬伤了，但直到11月9日才被带到巴斯德这里来。巴斯德心里明白，现在救她已经太迟了。他应该试试吗？万一失败了呢？这个世界会怎么说，这个等着看他失败而不是憧憬他成功的世界会怎么说？他的失败会不会只伤害他自己？或者，仇敌会不会争辩说他的治疗方法毫无用处呢？那些痊愈的人是不是不需要注射疫苗也能痊愈呢？这样一来，被咬的人就再不会来治病了！他该不该试着拯救路易丝呢？要是失败了，他是不是就会让无数的未知病患失去希望？工作中处处有危险，但是出于天性，巴斯德决定铤而走险——即使帮助这个小女孩的代价是毁掉他既有的辉煌成果。

路易丝接种完疫苗后，身体状况一直很不错，巴斯德希望，不管期间发生任何情况，她最终都能够恢复健康。12月2日，当她出现发病的先兆时，巴斯德给她接种了第 2 针疫苗；但一切辛苦都白费了。他坐在小女孩的床边，因为她不肯让他走。路易丝太爱他了，他不得不一直陪着她，直到她去世。女孩走后，巴斯德是哭着离开的。他对她的父母说，"我真的很想救你们的女儿"。

不出意料，巴斯德的敌人在为他高尚的失败而欢欣鼓舞。他们说这都是巴斯德原来就预料得到的……巴斯德隐瞒了自己的失败，试图阻止被咬伤的人接受治疗。说谎的舌头总会找到说不完的话。聪明人不在乎，他们走的是更聪明的路，被咬伤的人还是会去找巴斯德。

从纽约千里迢迢送来了 4 个孩子，那时候的船可走不快。对手们说，如果纽约人知道路易丝的事，他们就不会把孩子们送过来。4 个孩子中最小的是个 5 岁的小男孩，当他接种完疫苗，踏上回程时，他说："我们千里迢迢赶来这里，难道就是为了这样一个小东西吗？"那 4 个孩子的状况自始至终都很好。

然后来了一群俄国人，他们被一匹疯狼咬伤了，这可比被疯狗咬伤更可怕。这 19 名可怜、木讷又茫然的农民之所以来到巴黎，是因为他们唯一认识的法语单词就是巴斯德。他们从俄国辗转了许久才到达巴黎。俄国病人中身体状况良好的那几个，套着宽松的农民大衣，穿着高筒靴，戴着毛皮帽子，站在毛茸茸的豚鼠之间等待着，但他们中的一些已经病得很重了，到了不得不去医院的地步。

巴斯德到医院去看望他们。巡查病房时，他的眼里满是同情，因为对他而言，他们不仅仅是病人，每一个都是值得受到关爱的人。19个人中，有3人死亡，剩下的16人返回了俄国——在那片遥远的土地上，大伙欢天喜地，因为他们的朋友们做梦都想不到这些人居然能活着回来。被疯狼咬过的人，五分之四最终都死了。

于是全世界的人都想到了一起，当全世界一起思考时，有意思的事就发生了！"实在是太开心了，"大家都这么想，"因为正在发生的是一些真正美妙的事情。我们应该把开心表达出来，帮巴斯德先生建设他的研究所，给他一栋大楼，这样他的工作可以好好地完成。"于是，所有人都开始给巴斯德送礼物。劳贝斯平伯爵先开了个头。沙皇送来了10万法郎；巴西皇帝也加入进来；阿尔萨斯－洛林，阿尔及利亚和意大利紧随其后——事实上所有人都加入了，不管是富人还是穷人。就连小约瑟夫·迈斯特的名字也在名单上。或许朱皮耶也是；但他可能没看到报纸，因为他的读写能力不像约瑟夫的那样好。巴斯德给他写了一封动人的信，在信中，巴斯德勉励他努力自学，巴斯德还答应会帮助他。巴斯德有那么多工作要做，却能抽出时间给那些孩子们写信，实在是太棒了。

慷慨捐赠者中，最令人心生澎湃的就是演员们了。他们举办了一场晚会来筹集资金。一场晚会！你知道那意味着什么吗？剧院挤满了人；再说一遍，不论是谁，各色人等，都在观众席上。

甚至巴斯德也在那里，要知道，他可不常去剧院。所有杰出的歌手、戏剧演员和演员同台表演。他们从戏剧和歌曲中挑选出最令人陶醉的段落或剧目进行表演。晚会的节目里，舞蹈、音乐和多声部合唱团一应俱全，色彩鲜艳的长裙上，宝石闪闪发光。当时最伟大的演员哥格兰朗诵了一首特别为此情此景而创作的诗歌，那首诗的结尾是这样的：

> "朗朗乾坤，神奇造化，
>
> （竟遭诋毁，哦，奇哉，哦，怪哉！）
>
> 莫如之强，莫如之大，
>
> 天赋神资，起死回生。"

当他结束朗诵时，所有观众都将目光转向了这位默不作声的小个子科学家——这位可以排在所有伟大科学家之首的科学家。

接着，可爱音符流淌起来，指挥者不是别人，正是作曲家本人古诺。随着这美妙的赞歌渐入佳境，古诺转过身，用双手向巴斯德送上了一个飞吻！

巴斯德后来问道："看看这些超级大腕，他们本该在自己幸福快乐的时光中徜徉，却能站出来声援那些为遭受苦难的同胞提供救助的人们，这样的景象难道不会令人萌生直达心底的感动吗？"

从那之后，人们希望巴斯德能无处不在。他一出现就能带来好运。"做我们的主席,"某个社团说,"当然还要发表演讲。""做我们托儿所的教父吧,"另一个社团说,"跟我们讲一讲。""为青年联盟颁奖吧,并向他们说些寄语。"巴斯德一个都没有拒绝,他的话总是那么风趣、高雅,总是能恰如其分地说到听众的心坎里去。

"难道你不认为,"他在给一位年轻作者的信中写道,"我们的国家非常迫切地需要一些东西,能够让年轻人走上新的道路,为他们开启诚实工作、保持善良、充满诗意的新天地吗?"

巴斯德累坏了,甚至还生了病。一位朋友借给他一栋位于意大利海边的别墅,但他不想去。他想工作,即使是在寒冷阴沉的巴黎,那又何妨呢?但即使是科学家的家人,有时也会劝说几句,最后，科学家的医生也发声了。于是在 11 月，阿维尼翁用湛蓝的天空和明媚的阳光迎来了巴斯德乘坐的火车，医生们派了一个代表团到尼斯迎接他们，泛着白色泡沫的、蔚蓝色的地中海蜿蜒着流入了小石湾，一路延伸到马车的轮子上，直到最后，一座栽满了仙人掌、棕榈树、橘子树、玫瑰和茶花的别墅映入了他们的眼帘！

任何人到了这样一个舒适宜人的地方都能得到休息，恢复健康的！但也不尽然，那里也有悲伤的氛围弥漫。巴斯德是个富有同情心的人，在遇见惨遭流放的奥日妮皇后之后，他感到很难过——这位可怜的老妇人，曾经是多么的高贵啊！他还遇到了拿破仑王子——一个在风景优美的海岸边无所事事的流浪者，他如今什么也不是了，但很高兴能够和巴斯德谈论科学。有一个报童送来了报纸，其中有报道侮辱了巴斯德的发现。那些人说，人们是因为注射了巴斯德的疫苗才死的，但却无法自圆其说，只说注射疫苗比被咬伤更危险。虽然巴斯德的弟子们用事实与这些胡言乱语据理力争，但巴斯德还是感到既生气又苦恼，一心只想回到巴黎。之后，敌对他的人给他寄了很多封可怕的匿名信，信中的一字一句无不在恐吓他。巴斯德说："我都不知道我有这么多敌人。"他们的敌意使他病倒了。确实，有一位诗人说得很对："人们并不讨厌美。他们是如此热爱它，以至它的无声责备让他们抓狂，直到他们觉得唯有杀死它才能善罢甘休，于是这个世界上没有任何东西再能够让他们想起他们本来的模样。"

但是巴斯德几乎不曾料到，是什么让他从自己不想要的假期中解脱出来。二月里美好的一天，早上 6 点钟时，大地突然咆哮了起来。哐啷哐啷，仿佛有一列快车碾过铁板。房屋不停地晃动、开裂。摇晃暂时停下了！但更密集的咆哮声紧随而来。平坦的大地立了起来，然后断开了。房屋又一次开始摇晃，再一次断裂。

当巴斯德的家人们在急急忙忙地收拾东西，准备逃跑时，巴斯德正在观察地球震动对玻璃窗会产生什么样的影响。即使是地震来临，也无法阻止他继续做一名科学家。

没有人可以待在坍塌的房子里，于是巴斯德一家找了辆马车，汇入了匆匆离去的人流。他们知道要往哪里去——阿尔布瓦，那里有最棒的度假屋。但其他人，那些农民和游客，他们只是在向前走，却不知能去往何处。小毛驴的背上堆叠着高高的床铺和家具，满脸惊恐的人们拖着驴子往前走；半裸的小孩紧紧地抓住母亲的裙子不撒手，沿路的破房子目送着他们渐渐远去。

第十六章

先生之风 山高水长

巴斯德那时年事已高，住在研究所舒适的房子里，是一位十分受人喜爱的祖父。他的孙子和孙女经常来看望他，巴斯德也总在抽屉里为他们准备些糖果，还有别的东西——一个可爱的小音乐盒。他会把音乐盒拿出来，逗他们开心。那个音乐盒仍然放在原先的抽屉里，仍然在为极其幸运的人们演奏悠扬的曲调。

画家们都喜欢给巴斯德画像。有的画家让他看上去很悲伤，他瘦削而憔悴的脸上写满了对不幸的人们的同情。还有的画家则把他画得形貌威严。爱德菲尔特想知道，究竟该怎样描绘巴斯德，用什么样的画笔才能画出巴斯德受人爱戴的模样。他寸步不离地观察着巴斯德，终于，有一天，爱德菲尔特画出了他想要的肖像：在实验室里的巴斯德正为隐藏在小药瓶里的秘密感到困惑。

巴斯德坐在炉火旁的高背扶手椅上，背后开着两盏圆灯，像其他老人一样，他只是在一旁看着，不过，他周围的一切似乎都充满了生机。巴斯德是那间伟大实验室的灵魂，在那里，得意门生接手了他的工作。巴斯德的话萦绕在他们的耳中——未来，你们就能看到这一切是如何发展的了。年轻人都很爱戴他，他们说："所有人，都对外宣称自己是巴斯德的弟子。"

当崭新的索邦大学——一座童话般的学习殿堂开放时，学生们争先恐后地要求他——他们的校长讲话。在索邦大学精美的建筑里，在宏伟的实验室里，科学正发扬光大，这让巴斯德想起了他和老一辈化学家们都曾工作过的小屋。索邦大学的学生们，前呼后拥，挥舞着旗帜，来到他的家门口，高呼他的名字，请他走到台阶上，聆听他们对他的赞美——是非常真挚的赞美："亲爱的大师，杰出的大师，在您的手中，科学之道，不外乎治病救人。正是因为这个原因，所有文明国家都加入了巴斯德研究所的建设，各国青年学生都在向您致敬！"

巴斯德老了，病了；但仍旧充满热情。他的朋友们觉得他的身体不再适合进行长途旅行了。当阿拉斯为巴斯德昔日的老师杜马立塑像时，巴斯德却不愿置身事外："我还活着，所以我该去！"欢庆之余，阿拉斯送了巴斯德一根长着金色蚕茧的银制石楠花枝作为礼物。

接着就是他70岁的生日。索邦大学的大剧院里，各个角落都挤满了人。欧洲的各大城市和认识他的法国城镇都派了代表前来祝寿。

音乐声中，法兰西共和国总统搀扶着巴斯德走上讲台。祝祷接连不断，大人物们都对他赞誉有加。利斯特以医学和外科的名义称颂他，说："您揭开了几个世纪以来使传染病成为一个黑暗之谜的面纱。"

巴斯德的勋章上刻着一行字："献给70岁的巴斯德。法国感谢您，人类感谢您。"

他的声音太轻了，很难让整个大厅的人都听清，因此，他的儿子代他朗读了演讲稿。下面是他想要表达的部分内容："年轻人，要相信科学方法，我们对它最初的秘密尚且知之甚少。不过别灰心丧气。将自己投入实验室和图书馆的宁静祥和中去，那么当你走到生命尽头之时，你就能说：我已经竭尽全力了。"

别以为他的工作完成了。一位母亲写信给他："您是一位好人，处处积德行善。只要您愿意，您一定能找到治疗白喉这种可怕疾病的方法。我们教孩子们铭记您这位大恩人的名字，多亏了您，他们才能活下去。"她在信末的署名——一位母亲。白喉确实是一种可怕的疾病，她希望巴斯德能找到治疗的方法。在一家儿童医院，3 年内就有 2029 名儿童死于这种疾病，而"巴斯德大军"也已经走上了正轨：各国人都在致力于学习这方面的知识。巴斯德的弟子鲁博士和耶尔辛博士在维伦纽夫勒伊丹的旧马厩里再一次养满了马，因为他们需要用马来帮助治疗白喉。鲁用马血制成了血清，全世界都翘首以盼，以至研究所里的 5 万剂血清在 3 个月内就被一抢而空。后来，鲁的外甥拉蒙发现白喉的类毒素可以保护孩子们免受这种疾病的侵袭——你看，这都是源于巴斯德的研究。

在巴斯德自己的实验室里，有他忠实的俄国籍弟子梅契尼科夫在解释我们的血液是如何形成的，而巴斯德的发现与人血及其需要完全吻合。人的身体就宛如一个需要保卫的国家。驻守在我们的血液中的卫兵，被称为白细胞。当敌人入侵时，我们的身体就开始组织大规模的武装动员，白细胞开始准备战斗并吞噬敌人。如果它们战胜了敌人，它们还会继续保持武装，确保同一区域不再受到入侵。

在这样一个"国家"中，如果入侵的警报响起，士兵们就会立即重整军备，严肃程度堪比应对一次真正的入侵——士兵们都准备好了，也许就不会发生入侵了……身体也是如此。医生注射无害的疫苗；拉响体内警报；组织武装动员；白细胞全副武装，并保持戒备；病毒因此无法侵入体内。

在研究所的小树下，扎着巴斯德的一顶小帐篷，他喜欢坐在里面接待访客。巴斯德虽然病了，但从不抱怨或唠叨自己的健康。他喜欢聊天，朋友要离开时，他经常要提醒——工作虽苦，但其乐也无穷。

夏天，巴斯德去了被小树林环绕着的维伦纽夫勒伊丹，在那里，那间简陋的小房间俯瞰着奔腾的小溪；那里的100匹马正孜孜不倦地帮助孩子们对抗白喉。巴斯德花时间看着它们在树下吃草；或者，巴斯德夫人会连续几个小时为他大声朗读伟人的生平；又或者，他会听鲁博士或马丁博士讲讲他们工作的进展。1895年9月28日，他于维伦纽夫勒伊丹与世长辞。

可人们最终还是把他安葬在他位于巴黎的研究所的地下室里，并在墙上画了他救下的鸡、羊、狗以及孩子在花丛中翩翩起舞的场景。

逝者长辞，但没有人能比路易斯·巴斯德更长久地存在于我们的生活之中了。每家每户的门前阶上都放着巴氏杀菌牛奶，稍微用点想象力，你就能看到他开心的脸庞，正从世界上各个巴氏杀菌厂中望着你，守护着你的安全。在英国，一想到人们惧怕疯狗的日子已经一去不复返，你遇到的每一条狗都会摇着尾巴微笑。阳光明媚的大山里，每一个养蚕老手都会对你说："巴斯德确保我们永远不会失去蚕宝宝了。"每一只活蹦乱跳的母鸡和田野上懒洋洋的牛、羊、猪都知道，那些糟糕的日子已经过去了。

如果你去旅行，只需接种一剂疫苗就能让你在喝生水时不必担心染上伤寒。医院里处处洁白而干净；每一位医生都信心满满，都对伤口或传染病毫不畏惧；每个踢着胖乎乎的小腿的婴儿，都能开心地来到这个世界，这一切，都在为路易斯·巴斯德唱着一首胜利之歌。

图书在版编目（CIP）数据

巴斯德的故事 /（英）埃莉诺·杜尔利著；李琼花，林子涵译. — 北京：中国青年出版社，2021.11

（新时代青少年成长文库）

ISBN 978-7-5153-6529-9

Ⅰ. ①巴… Ⅱ. ①埃… ②李… ③林… Ⅲ. ①巴斯德（Pasteur, Louis 1822–1895）—传记—青少年读物 Ⅳ. ① K835. 656.15–49

中国版本图书馆CIP数据核字（2021）第214832号

责任编辑：彭岩　刘晓宇

＊

中国青年出版社出版 发行

社址：北京东四十二条21号　邮政编码：100708

网址：www.cyp.com.cn

编辑部电话：（010）57350407　门市部电话：（010）57350370

北京科信印刷有限公司印刷　新华书店经销

＊

880×1230　1/32　5.125印张　110千字

2021年11月北京第1版　2021年11月北京第1次印刷

定价：38.00元

本书如有印装质量问题，请凭购书发票与质检部联系调换

联系电话：（010）57350337